THOMAS BÖHM: „ Herrchen hüpf! - Nach den lustigen Shiva-Kolumnen der BZ"
1. Auflage, September 2011, Berlin
© 2011 Edition Pax et Bonum, Inh. Ingolf Ludmann-Schneider,
www.pax-et-bonum.net, redaktion@pax-et-bonum.net
Vertrieb über Buchlader, Inh. Marion Alexa Müller, Postfach: 580 664, 10415 Berlin
www.buchlader.de

Alle Rechte vorbehalten. Nachdruck, Übersetzung, Vortrag und Übertragung, Vertonung, Verfilmung, Vervielfältigung, Digitalisierung, kommerzielle Verwertung des Inhaltes, gleich welcher Art, auch auszugsweise, nur mit schriftlicher Genehmigung des Editionsinhabers.

Coverfoto & Fotografien im Text: © Marilla Slominski
Satz & Layout: Johannes Schönfeld
BZ-Logo: Mit freundlicher Genehmigung der Berliner Zeitung
Druck & Bindung: META Systems, Wustermark, Deutschland
Gedruckt auf FSC- und PEFC-zertifiziertem Werkdruckpapier

ISBN: 978-3-941809-08-6

Thomas Böhm

Herrchen hüpf!

Nach den lustigen Shiva-Kolumnen der BZ

Pax et Bonum

Widmung

Dieses kleine Büchlein widme ich Shiva, meiner Frau, den portugiesischen und allen anderen Straßenhunden dieser Welt. Aber auch allen geschundenen Lebensformen, welche in Leid und unsäglichem Elend ihr Dasein fristen.

Mit dem Wunsch, dass eines Tages die Menschen verstehen, dass nur im harmonischen Zusammenspiel aller Kreaturen und der Natur die Erde ein Planet der Liebe und des Friedens wird.

Vorwort

Zu den vielen Hunden, die ich durch meine Arbeit als Hundetrainer kennengelernt habe, gehört auch Shiva. Die gestromte Dame aus Portugal ist eine selbstbewusste, freche Hündin, die ihr Herrchen, den bekannten Berliner Autor Thomas Böhm, das eine oder andere Mal an den Rand des Nervenzusammenbruchs gebellt hat. Er hat es mit Humor genommen und eine Kolumne darüber geschrieben. Ach was sage ich, eine Kolumne? Es wurden über 500 Kolumnen, mit denen Shivas Herrchen Tag für Tag – über zwei Jahre lang – die Berliner Hundefreunde in der BZ amüsierte.

Die lustigsten Kolumnen sind nun zum ersten Mal in diesem Buch vereint.

Der Leser taucht ein in die Hundeszene am Grunewald, erkennt viele Menschen wieder. Mal schreibt Thomas Böhm aus seiner Sicht, mal versucht er auf humorvolle Art, die Situationen aus der Sicht seiner Hündin zu beschreiben. Es hat zwar nichts mit der Realität zu tun, bringt einen aber immer wieder zum Schmunzeln. Das Buch ist ein flottes Vergnügen für alle, die Hunde mögen und sich immer mal wieder fragen: Wer führt hier eigentlich wen an der Leine?

Viel Spaß wünscht,

Enrico Lombardi
Leiter des DogCoach Instituts Berlin

Einleitung

Dies sind die kleinen Geschichten, die der Alltag schreibt, wenn man einen Hund hat. Und ich habe einen ganz besonderen Hund. Besser gesagt, eine Hündin. Shiva heißt sie und sie ist mit ihren inzwischen sechs Jahren eine richtige Dame geworden. Was man so unter Dame versteht.
Wir lernten uns in Portugal kennen, aber das wird Sie Ihnen gleich selbst erzählen. Frech war sie, unabhängig war sie, unerzogen war sie. Kein Wunder, musste sie doch die ersten Wochen ihres Hundelebens alleine in der portugiesischen Pampa klar kommen. Aber sie hat sehr schnell begriffen, bei wem und wie sie ihr Futter abstauben konnte. Was sie nicht so schnell begreifen wollte, waren Kommandos und Befehle. So etwas wie Bindung kannte sie nicht.
Es war Schwerstarbeit, aber jetzt, nach sechs Jahren sind wir ein gut eingespieltes Team – behaupte ich einfach mal. Das Tagebuch, das Shiva und ich geschrieben haben und das täglich in der BZ als Kolumne erschienen ist, spricht da vielleicht eine andere Sprache. Möglicherweise hat meine Hündin auch mich erzogen, das dürfen Sie entscheiden.
Auf jeden Fall ist mein Leben abwechslungsreich, aufregend und sehr, sehr lustig mit Shiva. Deshalb danke ich ihr und widme ihr und meiner Frau, die mir immer zur Seite stand – mit der richtigen Portion Leckerlis zur Hand, wenn ich mal wieder Probleme mit Shiva hatte –, dieses Buch.
Ich wünsche Ihnen nun viel Spaß beim Lesen der Shiva-Kolumnen.

Ihr Herrchen Thomas

P.S.: Diese zwei kleinen Bildchen werden Sie durch das Buch begleiten.

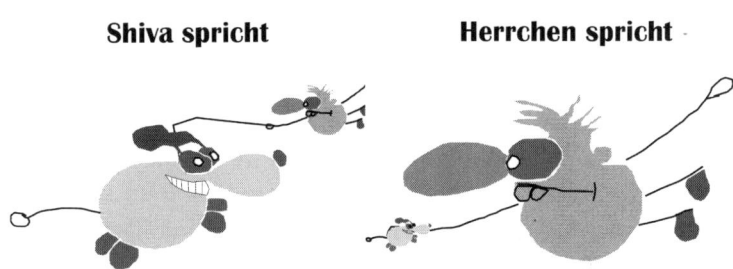

Shiva spricht **Herrchen spricht**

Ein Hund geht nach Norden

Ein herzliches Kläff-Kläff! Gestatten, mein Name ist Shiva. Ich bin knapp sechs Jahre alt, also schon eine richtige Hundedame. Ein Blick in die Pfütze, und was ich da sehe, gefällt mir prima.
Ich habe die Augen einer Wölfin, einen geschmeidigen, athletischen Körper, lange Beine, kurzes braun-gestromtes Fell und einen niedlichen Stummelschwanz – von Geburt an.nIch sei zwar keine Rasse, aber ich hätte Klasse, hat mein Herrchen mal gesagt. Für andere bin ich einfach nur ein portugiesischer Straßenköter.
Aber das ist mir egal, solange ich neben Herrchen auf dem Sofa liegen darf. Außerdem stimmt es. Ich komme aus Portugal und habe auf der Straße gelebt. Nur ein paar Wochen lang, als ich noch klein war. Mein Futter habe ich am Strand gefunden. Fisch - tot, vergammelt, eben aus dem vorigen Jahrhundert.

Eines Nachmittags bin ich dann ins Dorf gelaufen und habe mich bei einem deutschen Ehepaar eingeschmeichelt, was auch super geklappt hat. Sie nahmen mich mit nach Hause.

In ein schönes Zuhause, viele Zimmer, großer Innenhof. Wenn nur nicht der arrogante, fette Kater gewesen wäre. Der hat mich erstmal durch die Etagen geprügelt. Aber dann war die Rangordnung geklärt und wir wurden gute Kumpels. Mein neues Herrchen, der früher aus Angst vor Hunden bereits schreiend aus dem Wohnzimmer rannte, wenn im Fernseher Hundefutterwerbung lief, gewöhnte sich auch an mich.

Ich hatte eine schöne Zeit dort im Süden, in diesem kleinen Dorf an der Atlantikküste. Morgens bin ich über den nahe gelegenen Strand gefegt, habe Möwen gejagt und mit anderen wilden Hunden getobt. Wenn ich Lust hatte, habe ich auch mal Sitz und Platz gemacht. Darüber freute sich Herrchen und ich bekam meine Leckerlis.
Als wir dann umgezogen sind aufs Land, bin ich den ganzen Tag durch die Pampa getrabt, habe Kaninchen aufgescheucht und Mäuse geärgert. Wenn es zu heiß wurde, bin ich schnell in den hauseigenen Pool gesprungen und 'ne Runde geschwommen.
Doch dann, eines Tages, packte mich Herrchen auf die Rückbank des Autos und wir fuhren Richtung Norden. Drei Tage lang kaum Bewegung, keine Spielereien. Und es wurde immer kälter. Dann kamen wir in eine riesige Stadt. Dort durfte ich wieder aus dem Auto – mit einer Leine um den Hals. Ein fieses Ding, aber es musste sein. Denn dem Großstadt-Chaos war ich in den ersten Tagen nicht gewachsen. Riesige Brummer auf den Straßen, die fürchterlichen Lärm machten, blinkten und leuchteten, rastlose Typen auf zwei Rädern, die herumhetzten, als seien Hunde hinter ihnen her, viele ängstliche Kinder, die schrieen, wenn ich an ihnen schnuppern wollte. Einige der schlecht gelaunten Zweibeiner beschimpften mich auch.

Ich wurde sogar bespuckt und ein Mann hat nach mir getreten. Dabei habe ich nur mal laut gebellt. Das klang in den Häuserschluchten einfach toll. Auch mein Herrchen benahm sich merkwürdig. Immer, wenn ich mein Geschäft erledigt hatte, griff er zu einer Plastiktüte, packte alles zusammen und eilte damit zum nächsten Papierkorb. Das hatte er in Portugal nie gemacht. Und so was wie Bei Fuß kannte ich bislang auch nur als Kraut.
Eines Morgens sind wir in den Wald gefahren. Ein tolles Gelände. Es gab so viel zu riechen. Laub, Büsche, Blumen, Wildschweine ... ein Paradies für eine Schnüffelnase wie mich.
Und was es dort für Hunde gab. Unglaublich. So viele auf einem Haufen, und jeder sah anders aus. Riesige, schwarzhaarige, zottelige Typen, Hunde ohne Fell, ballbeißende Brecher, dünne Flitzer, winzige Heuler, frech wie Oskar. Da war was los!

Dann plötzlich brachen drei durchgeknallte Kollegen durch das Gebüsch. Ein großer starker Kerl mit Charakterkopf, spanischer Typ, ein grinsender, drahtiger Airedale Terrier und ein durchtrainierter hellbrauner Labrador. Schwanzwedelnd stürzten sie auf mich zu, forderten mich bellend zum Spielen auf.
Das ließ ich mir nicht zwei Mal sagen, also Beine in die Pfoten und los. Über Stock und Stein, durch Wald und Wiesen, den Berg rauf, den Hügel wieder runter, ab durch die Mitte, querfeldein im Zickzackkurs, rein in die Matschkuhlen, raus aus den Pfützen. Zwei Jack Russel schlossen sich der Hetzjagd an, aber auch sie hatten keine Chance, mich zu stellen. Mein Urgroßvater muss ein Windhund gewesen sein.
Nach zwanzig Minuten war bei meinen Häschern die Luft raus, ihre Zungen hingen auf dem Boden. Es war einfach fantastisch, unter meinesgleichen durch den Wald zu rennen, wir haben Schwanz-Schnappen gespielt, uns gegenseitig ins Aus geboxt, durch den Schlamm gewühlt und andere Hunde geärgert.

Leider war der Spaß irgendwann zu Ende, aber auch Herrchen, der früher ja solche Angst vor Hunden hatte, schien sich zu amüsieren. So dachten wir uns beide, das muss jetzt mal aufgeschrieben werden.

Und daraus ist dieses Tagebuch geworden ...

Shiva, meine beste Freundin

Frohes Neues

Silvester ist vorbei. Ich bin der Erste, der am Neujahrsmorgen schon wieder unterwegs ist, die anderen gehen gerade schlafen. Die Nacht war verhältnismäßig ruhig. Ich habe mich betäubt, um von der Knallerei nichts mitzukriegen. Die Katzen haben sich in den Schränken verkrochen und Shiva hat die ganze Zeit völlig entspannt auf dem Sofa gelegen. Sie ist ja von Natur aus nicht schreckhaft, aber ein wenig habe ich doch nachgeholfen. Ich habe ihr gegen 23 Uhr Kopfhörer aufgestülpt und eine CD mit Wasserfall-Geplätscher und Meeresrauschen aufgelegt. Shiva muss wirklich wunderbar geträumt haben, denn nun muss ich die Sofakissen neu beziehen.

Alles im Griff

Was für ein Drama. Die Rollläden sind noch zu. Dabei ist es schon kurz nach sechs Uhr. Shiva und ich zappeln nervös vor dem Zeitungsladen herum. Sie mit knurrenden Magen, ich auf der Suche nach neuen Schlagzeilen. Dann endlich, lange vor der eigentlichen Öffnungszeit, zeigt der Händler Erbarmen, macht die Tür auf und lässt uns rein. Wir sind wie immer die ersten Kunden.
Shiva zerrt mich gleich hinter den Tresen, macht ohne Ansage Sitz. Der Zeitungshändler kennt das schon, freut sich aber jeden Tag aufs Neue. Und zack, verschwindet ein Leckerli in Shivas Maul. Die Hündin hat nicht nur mich voll im Griff.

Jetzt kann es von ihr aus weitergehen. Meine Zeitung hole ich dann später ab.

Wenn der Feind naht

Es ist finster morgens. Alle Hunde schlafen noch, außer Shiva. Plötzlich hebt sie ihren Kopf, ihre Nackenhaare sträuben sich und dann naht auch schon der Feind. Schwer zu erkennen, aber wie Shiva sich benimmt, scheint er mächtig gefährlich zu sein. Ein flatterhafter Schatten, der an der Ecke lauert, sich kurz zeigt und wieder verschwindet. Shiva zerrt an der Leine, fängt an zu knurren. Dann endlich erfolgt der Angriff. Frontal und schnell. Shiva springt los, der Feind weicht geschickt aus. Shiva setzt nach und kriegt ihn zu fassen. Es knallt. Shiva springt erschrocken zurück, verkriecht sich zwischen meinen Beinen. Ich kann sie beruhigen. Es war nur ein Luftballon. Egal, Hauptsache wir haben gewonnen.

Betthupferl

Die Sonne geht unter. Shiva hat gefressen und ihren Abendspaziergang erfolgreich abgewickelt. Jetzt muss sie ins Bett, ich möchte auch mal Feierabend haben. Also husch, husch ins Körbchen. Aber so einfach ist das nicht. Ohne Zeremonie geht bei ihr gar nichts. Shiva dreht sich mehrmals im Kreis, bis mir schwindelig wird, bis sie ihre Position gefunden hat. Bequem muss es sein. Für mindestens drei Minuten. Dann steht sie wieder auf und fordert ihr Betthupferl ein. Anschließend singe ich ihr ein Gute-Nacht-Lied und decke sie zu. Es darf aber nur die EINE Decke sein, die rote, die so schön kuschelig ist. Und bitte doppelt gelegt, es könnte ja kalt werden im Mai.

Endlich gibt Shiva Ruhe und ich bin hundemüde.

Die liebe Schwiegermama

Es ist Sonntag. Nach dem Kirchgang sind wir, wie so oft, bei den Schwiegereltern zu Kaffee und Kuchen eingeladen. Wie heimelig es duftet. Findet Shiva auch. Schon im Treppenhaus kriegt sie sich nicht mehr ein, rennt die Stufen hoch, mit mir im Schlepptau und kratzt an der Tür. Als diese sich einen Spalt öffnet, fliegt sie durch den Flur. Erst wird die Katze verjagt, dann ihr Futternapf blank gemacht. Aber weil das alles noch nicht reicht, schiebt sie meine Schwiegermutter mit der Nase in die Küche. Sie weiß, die Dame hat ein großes Herz und noch größere Salamiwürste im Kühlschrank.

So richtig gesättigt, baut sie sich aus dem kostbaren Perserteppich eine Höhle. Für uns bleibt dann nur noch der kalte Kaffee übrig.

Tiefgekühlte Pommes

Verrücktes Wetter. Einen Tag schneit es, am nächsten taut alles wieder auf. Shiva findet dieses Wetter wunderbar. Wenn frischer Schnee liegt, wälzt sie sich darin herum, als wäre es der weiche Sand der portugiesischen Atlantikküste, und wenn der Schnee schmilzt, breitet sich vor ihr das Schlaraffenland aus. Ihr Glück liegt auf der Straße. Sie braucht nur mit der Pfote ein wenig zu kratzen, um an die ganzen Leckereien zu kommen. Halbgetauter Döner, tiefgekühlte Pizzareste, steifgefrorene Pommes. Es knirscht und knackt zwischen ihren Zähnen, mir wird ganz schlecht.
Aber es hat auch was Gutes. Ich brauche Shivas eingefrorenes Futter zu Hause nicht mehr aufzutauen. Ich stecke einfach einen Holzstiel in das Fleisch und fertig ist das Hunde-Eis.

Lebensretter

Herrchen hat mir viel zu verdanken. Das ist schon mal klar. Nicht nur, weil er mit mir ständig an die frische Luft muss und spazieren geht, statt sich von morgens bis abends in den Fernsehsessel zu quetschen.
Nein, in aller Bescheidenheit kann ich sagen, dass Herrchen mir sein Leben zu verdanken hat. Zum Beispiel heute Morgen. Es hatte in der Nacht getaut und nun regnet es leicht. Natürlich schleiche ich bei diesen üblen Klimabedingungen an den Häuserwänden entlang, ich möchte schließlich nicht, dass mein schönes Fell nass wird. Herrchen döst mal wieder vor sich hin. Als ich plötzlich den Kopf hebe und ihn zur Straßenmitte ziehe, wacht er endlich auf. Nur wenige Sekundenbruchteile später knallt der erste mächtige Eiszapfen auf den Asphalt, genau dort, wo

wir eben gerade noch standen. Weitere Brocken stürzen herunter.
Ich schaue mir das Spektakel in aller Ruhe an, Herrchens Beine aber zittern, Schweiß rinnt von seiner Stirn. Heute Abend kriege ich seine Gänsekeule, auch das ist schon mal klar.

Zeit ist Geld

Es ist mal wieder spät geworden. Irgendein Telefonat hält mich auf. Die Nachmittagsrunde muss verschoben werden. Mindestens um zwei Minuten. Das ist für Shiva natürlich unerträglich. Was man alles in zwei Minuten erledigen kann: Den Mülleimer umkippen, die Katzen jagen, den Tisch abräumen, die Zeitung zerlegen, am Telefonkabel herumknabbern, Herrchen auf die Füße treten. Meine Hündin kann sich auch ohne mich prima beschäftigen.
Ich beende das Gespräch vorzeitig und eile mit ihr auf die Straße. Sie hat sicherlich dringende Geschäfte zu erledigen. Aber von wegen. Sie hat nur genervt, weil sie ihren Freund Otto, den Collie, treffen wollte. Und der ist immer pünktlich.
Wieder zu Hause, räume ich die Sachen auf. Auch ich kann mich prima beschäftigen.

Geschäft ist Geschäft

Wie immer, wenn ich mit Shiva unterwegs bin, zieht es uns – oder besser: zieht sie mich – an einen bestimmten Ort um die Ecke. Dort liest sie an einer Häuserwand das Neuste aus dem Hundeland. Aber heute Morgen stürmt so ein Typ aus der Haustür, sieht meine

Hündin, tritt nach ihr und pöbelt: „Verschwinde, du Drecksköter! Du machst hier nicht auf die Straße."
Bevor ich was erwidern kann, taucht hinter mir eine alte Dame auf und schimpft zurück: „Nun regen Sie sich mal wieder ab, junger Mann. Hab ich Sie nicht gestern Abend gesehen, wie Sie nur ein paar Meter weiter an einen Baum gepinkelt haben?"
Knurrend verschwindet der Typ und ich bedanke mich bei der Oma.
„Tja", sagt sie, „Geschäft ist Geschäft."

Ein steiniger Weg

Herrchen ist mal wieder aufgeregt. Plant einen Ausflug mit mir. Zurück in den Süden, wie er gesagt hat. Mit der U-Bahn geht es nach Kreuzberg. Ich soll da aber nicht den großen Macker riskieren, das wäre schließlich nicht mein Revier, meint Herrchen, der Schlaumeier. Ganz brav bei Fuß schlendern wir gemütlich am Kottbusser Tor herum. Wie herrlich es hier riecht. Ich schnüffele begeistert an den Obst- und Gemüseständen herum. Alles erinnert mich ein wenig an meine Heimat. Fehlt nur noch, dass der Atlantische Ozean aus den U-Bahn-Schächten hervorquillt. Da wäre ich gerne mal untergetaucht. Aber es gibt hier noch etwas anderes, was ich schon lange vermisst habe: Pflastersteine, die ich, wie in Portugal, ausbuddeln kann, weil Herrchen mal wieder abgelenkt ist.
Die habe ich für mein Leben gerne aus dem Sand geholt. Das stärkt die Beinmuskulatur und man hat überall schöne kleine Löcher, wo man später was hineinschieben kann. Und unter so manchem Stein habe ich auch etwas Leckeres gefunden. Damals.

Heute nicht. Dafür kriege ich ein dickes Lob von einem jungen Mann. Er sammelt die losen Steine auf, hebt die Faust zum Dank und drückt sie meinem spießigen Alten in die Wange: „Ey Alter, lass mal deine autonome Hündin von der Leine!"

Umnachtet

Wenn Shiva mich jetzt morgens aus dem Bett wirft, ist es noch stockdunkel. Das macht meiner Hündin aber nichts aus, im Gegenteil. Sie drängelt heute sogar noch mehr als sonst. Also nix wie runter in die Nacht. Schade, dass ich nichts sehe.
Zuerst falle ich über die Stühle, die draußen vor dem Imbiss aufgestellt wurden, dann knalle ich gegen einen Laternenpfahl. Im Park rennen mir die Jogger gegen den Bauch und ständig fallen mir die blöden Kastanien auf dem Kopf. Ich werde mich beim Grünflächenamt beschweren. Shiva hat derweil ihren Spaß, holt sich ständig irgendeinen Mist aus den Papierkörben, ohne dass ich davon was mitkriege. Morgen früh nehme ich eine Taschenlampe mit.

Rutsch-Party

Es macht wirklich keinen Spaß mehr, mit Shiva in den Grunewald zu gehen. Während sich in der Stadt so etwas wie Vorfrühlingsgefühle breit machen, klebt der Schnee hier hartnäckig auf dem noch tief gefrorenen Boden und hat sich in riesige Eisflächen verwandelt. Da helfen auch die Spikes nicht mehr.
Die Hauptwege sind so festgetreten, dass ich ständig ausweichen muss. So komme ich nur zentimeterweise

vorwärts, und das auf allen Vieren. Selbst meiner ansonsten unermüdlichen und fröhlichen Hündin bereitet der Spaziergang keine Freude. Sie hat schnell gemerkt, dass sie auf dem Glatteis nicht toben kann, obwohl sie ja vier Beine und natürliche Spikes hat. Entsprechend misslaunig schleicht sie vor mir her, ihre Spielkameraden sind auch schlecht drauf. Wir hoffen beide, dass aus dem Vorfrühling so schnell wie möglich ein Vollfrühling wird und der Winter nicht noch einmal zurückkommt.

Herrchentraining

Ich glaube, Herrchen hat zugenommen, braucht mal wieder Bewegung. Ich habe da auch schon eine Idee. Er wirft ja immer gerne irgendwelche Äste und Zweige durch die Gegend, in der Hoffnung, ich renne hinterher und bringe ihm das Zeugs zurück. Am besten noch vor die Füße legen und mit dem Schwanz wedeln. Hallo? Bin ich etwa ein blonder Retriever?

Aber heute bringe ich ihn auf Trab. Er wirft, ich laufe, schnappe mir das Holz und lege es ihm auf die Schuhe. Er ist vor Freude ganz aus dem Häuschen. Er bückt sich, aber ich bin schneller. Zack, das Holz ist wieder im Maul und ab die Luzie. Herrchen muss hinterher, über Stock und Stein, durch Dick und Dünn, stampfend und schnaufend. Er kriegt einen roten Kopf. Ich weiß nicht, ob vor Anstrengung oder vor Wut. Er läuft und läuft und läuft und sieht dabei aus wie ein frisch lackierter Käfer. Egal, das Spiel macht Spaß.

Nach einer Viertelstunde kann Herrchen nicht mehr. Hechelnd legt er sich vor meine Pfoten. Morgen erhöhen wir das Tempo und verlängern die Strecke. Zehn Kilo müssen schließlich runter.

Der Müll und der Hund

Die Männer in Orange haben in diesem Winter wirklich tolle Arbeit geleistet. Das hat auch meine Hündin gefreut; sie ist trotz des vielen Schnees auf den Straßen sehr gut vorwärtsgekommen. Aber jetzt freut sie sich noch mehr. Überall liegen noch Granulatberge herum, in denen sie fröhlich herumkratzen kann. Im Dreck, der sich vor den überfüllten Mülleimern stapelt, gibt es hier und da noch etwas zu entdecken. Am schönsten aber findet sie die Tannenbäume, die an den Straßenecken herumliegen und auf das nächste Weihnachtsfest zu warten scheinen. Hier werden seit Silvester jede Menge Hundenachrichten verbreitet, und Shiva hat mächtig zu schnuppern.
Wir hoffen beide, dass die Tannenbäume noch eine Weile liegen bleiben, so müssen wir nicht extra in den Grunewald fahren.

Frühlingsboten

Man soll sich ja nicht zu früh freuen, aber Frühlingsboten machen sich überall bemerkbar. Die Vögel singen wieder, hier und da zeigt sich eine kleine zarte Knospe. Der eifrigste Frühlingsbote ist Shiva. Sie zeigt mir am deutlichsten, dass es nun wieder aufwärts geht. Der Boden ist nicht mehr so gefroren, also wetzt sie ihre Krallen und buddelt die Löcher wieder auf, die sie im letzten Herbst mit ihrer Schnauze zugeschoben hat.
Natürlich sind da keine Leckerlis mehr drin, die haben andere Tiere stibitzt, aber es findet sich hier mal ein morsches Stöckchen, dort mal ein zerfetzter Tennisball wieder an. Diese externe Bunkermentalität hat schon viel Platz in unserer Wohnung geschaffen, und ich bin mir sicher, dass

so manch ein Wildschwein sich bei meiner Hündin etwas abgucken könnte.

Flitzpiepe

In meinem geliebten Grunewald ist heute nicht viel los. Nur Herrchen, ich und noch einige andere tausend Tölen. Und dann dieser Mountainbike-Raser. Kommt einfach von hinten angeheizt, ohne mich zu fragen. Ist an mir vorbei, ohne guten Morgen zu sagen, und gleich wieder verschwunden. Wie ich. Herrchen hat mich Gott sei Dank vorher von der Leine gelassen. Das wird ein tolles Rennen, dreimal um den Grunewaldsee herum. In einem Affenzahn. In mir muss ein Windhund stecken.
Danach ist der Mountainbiker fix und fertig. Ich aber auch, trinke erst mal den halben Grunewaldsee leer. Auch Herrchen scheint zufrieden. Er musste schließlich keinen Schritt gehen. Solche Spaziergänge wünschen wir uns beide jeden Tag.

Ich nehme alles

Madam langweilt sich mal wieder. Fordert mich zum Spielen auf, indem sie mit ihren Krallen an meinen Puschen herumkratzt. Ich würde ja auch gerne mitmachen. Aber wir haben kein Spielzeug mehr. Die Tennisbälle sind zerfetzt, das Quietschehuhn habe ich in die Tonne geworfen, weil Shiva immer unters Bett gekrochen ist, wenn ich drauf gedrückt habe, das Beißseil hat sie auch plattgemacht und in der Aufziehmaus sind die Batterien alle. Also muss ich mal wieder los. Zum Spielzeugladen. Der Verkäufer kennt mich schon mit Namen, schließlich bin ich Stammkunde und habe ein

Vermögen dagelassen. Freundlich zeigt er mir seine neue Ware: Gummitiere, die hüpfen und schwimmen können und angeblich unzerstörbar sind. Wurfgeschosse, mit denen ich Bälle durch den ganzen Grunewald schleudern kann, und ein sprechender Knochen aus Plastik. Ich nehme alles, wie immer.

Einen gezwitschert?

Ich liebe es, von fröhlichem Vogelgezwitscher geweckt zu werden. Dann weiß ich, es wird ein schöner Tag. Shiva mag das auch. Sie hockt am offenen Fenster und lauscht andächtig den heiteren Geräuschen der Natur. Mini, die Katze, findet das noch aufregender. Sie schnalzt mit der Zunge, ihr Schwanz peitscht hin und her, und am liebsten würde sie auf den Baum im Hof springen und das Konzert der Vögel mit ihren Krallen dirigieren. Aber heute Früh wird es mir dann doch zu viel. Irgendeine Schwalbe hat sich nur einen Meter von unserem Fenster entfernt niedergelassen und krakeelt über den Hof. Das ist für Mini unerträglich. Sie dreht durch, springt die Wand hoch, beißt in die Balkonblümchen.
Shiva denkt, ihre kleine „Tochter" wird angegriffen, und fängt an zu bellen, dass der Putz von den Wänden fällt.
„Guten Morgen, Herr Nachbar", höre ich es mehrfach aus dem Haus.
Wie schön wäre doch eine Taube auf dem Dach.

Reden ist Silber, bellen ist Gold

Zoff im Hause Böhm. Meine Frau meint, ich hätte mich verändert, seit Shiva im Haus ist. Ich hätte nur noch Augen für sie und würde dummes Zeugs labern. Ja, ja, die Eifersucht. Aber in einem muss ich ihr Recht geben. Mein Sprachschatz hat sich tatsächlich etwas reduziert. Wenn ich Hunger habe, brülle ich einfach nach „Futti", zum Nachtisch verlange ich „Leckerlis". Wenn meine Frau mir etwas sagen will, antworte ich kurz und knapp mit einem „Aus" und „Platz" und abends geht es dann „Husch, husch ins Körbchen".

Nur mit Shiva könnte ich mich stundenlang unterhalten. Vielleicht macht es ja deshalb so viel Spaß, weil sie keine Widerworte gibt und nur freudig ihr Köpfchen dreht. Das muss ich meiner Frau auch noch beibringen.

Die Schultrantüte

Heute ist Shivas erster Schultag. Sie ist fürchterlich aufgeregt, dabei habe ich ihr gar keine Schultüte gekauft, und einen Ranzen muss sie auch nicht tragen. Als wir auf dem Hundeplatz in Potsdam ankommen, gibt es kein Halten mehr. Kaum habe ich sie von der Leine genommen geht sie ab wie Schmidts Katze. Jeder Mitschüler wird freudig begrüßt, vor allen Dingen die Rüden. Dann macht sie erst mal mitten auf dem Schulhof einen Haufen, so dass mich der Lehrer gleich ins Klassenbuch eintragen muss. Eine Pause später kaut sie fröhlich auf den Schulgeräten herum, verbellt die Hunde, die zu spät zum Unterricht erscheinen, und ich bekomme eine glatte Sechs im Betragen. Und als es dann endlich losgeht, legt sie sich hin und schläft. Hoffentlich macht das nicht Schule.

Nur Pferden gibt man den Gnadenschuss

Bitte nicht! In der Schule ist heute „Agility", eine Sportart, mit der die Menschen früher nur

die Pferde gefoltert haben. Heute muss ich über diverse Hindernisse hüpfen, durch Tunnel kriechen, auf Wippen balancieren und all diesen Mist. Der einzige Trost ist, dass Herrchen nicht bequem im Sattel sitzen kann, sondern neben mir herrennen und mir die Richtung weisen muss. Kurzatmig stößt er dabei solche Laute wie „Drüber", „Rauf", „Runter" und „Durch" aus. Die erste Hürde ist leicht, den komischen schwarzen Tunnel lasse ich vorsichtshalber links liegen, man weiß ja nie, was drinnen steckt. Die Wippe ist ganz lustig, aber die Slalomstangen sind eine echte Herausforderung. Noch eine Hürde. Und das war's auch schon. Gelangweilt schaue ich Herrchen an und frage ihn: „War das schon alles?"
Für ihn ja, er liegt hechelnd auf dem Boden und verlangt einen Notarzt.

Wasserfrosch

So was von peinlich. Da habe ich Madam ein sehr teures Spielzeug gekauft, das sogar schwimmen kann. Jetzt habe ich es eben mit Schwung in den Grunewaldsee geworfen und sie höflich gebeten, es doch wieder zu holen. Doch was macht meine Shiva? Sie schaut mich an, als ob ich eine Vollmeise hätte, dreht sich um und trottet zu den anderen Hunden.
Hier steh ich nun, und zirka 30 Meter weiter schwimmt das Spielzeug mutterseelenallein dahin. Und ist immer noch 6,95 Euro wert.
Also Schuhe und Socken aus, runter mit der Büx und rein in den Sumpf. Ich möchte nicht wissen, in was ich da trete – Hechte, Aale, keine Ahnung. Das Gejohle ist groß, Applaus von allen Seiten. Sämtliche Hundebesitzer Berlins scheinen sich das Schauspiel betrachten zu wollen.

Es fehlen nur noch Zentimeter, ich bin bis zum Kopf im Wasser, als plötzlich neben mir ein Schatten auftaucht: Shiva, sie ist schneller als ich, schnappt sich das Spielzeug und schwimmt damit an Land. Gut, dass hier noch anderes Zeugs herumschwimmt, so dass ich nicht mit leeren Händen zurückkehren muss.

Herrchen muss nachsitzen

Prima, ich habe in der Hundeschule meine erste Prüfung bestanden. Herrchen nicht, Herrchen musste nachsitzen. Jetzt soll mein Riechkolben getestet werden. Der Trainer hält in einer Hand ein Feuerzeug, in der anderen Hand ein Leckerli.
Erst wenn ich mit meiner Nase an das Feuerzeug stupse, bekomme ich das Leckerli. Nichts einfacher als das. Für ein Leckerli tue ich alles. Danach wird es aber schwieriger. Der Trainer wirft das Feuerzeug durch die Gegend und ich muss es suchen. Klappt aber auch ganz schnell.
Dann ist Herrchen dran. Er wirft sein Feuerzeug in den Busch und meint zu mir, ich soll es wieder holen. Das war ein guter Wurf. Leider habe ich nicht aufgepasst, sondern lieber mit Zeus, einem schicken Rüden, gespielt. Jetzt muss Herrchen sein Feuerzeug alleine suchen. Und er sucht und sucht und sucht.
Die Schule ist schon längst vorbei, Frauchen hat mich abgeholt und ich liege ganz entspannt auf Herrchens Sofa. Ich glaube, der sucht immer noch. Vielleicht hätte er das teure Erbstück nicht einfach wegwerfen sollen. Ein Einwegfeuerzeug hätte es doch auch getan.

Ordnungsamt

Ich habe Shiva heute ein neues Halsband gekauft. Ordnungsamt steht drauf. Und ein Ordnungsamt ist sie auch. Besonders in der Schule. Wenn alle anderen Hunde fröhlich miteinander toben, passt sie auf, dass draußen am Zaun keiner unbemerkt vorbeigehen kann. Jeder Zaungast wird registriert, auch jeder Neuankömmling wird lautstark begrüßt und beschnuppert. Wenn sich zwei Hunde streiten, stürmt sie als Dritte hinzu und verbellt die beiden.
Das ist Deeskalation, sagt der Trainer. Shiva hat wirklich gute Augen und eine tolle Nase, womit sie den Horizont scannen kann, wenn ich morgens noch mit müden Augen durch die Gassen wanke. Bellend teilt sie mir so schon im Treppenhaus mit, wie viele Hunde sich in der Umgebung herumtreiben. Die Nachbarn erhalten diese Information selbstverständlich auch kostenlos.

Balkonpflanze

Na, da bin ich aber gespannt. Herrchen hat mich heute mitgenommen. Er ist bei einem Freund eingeladen. Scheint ganz nett zu sein, der Kerl, krault mich und schickt mich dann auf seinen Balkon. So was Schönes haben wir zu Hause nicht. Der Ausguck ist fantastisch. Von hier aus kann ich die ganze Straße beobachten und kontrollieren. Ich zähle die Autos, die Passanten und natürlich die vielen Hunde, die von hier oben alle ziemlich klein und harmlos aussehen. Na, da begrüße ich doch jeden Heini mal gerne mit einem lauten Kläff-Kläff. Das macht Spaß, ich kann die Typen vom Balkon aus nach Herzenslust provozieren, und die ärgern sich, zerren an der Leine, winseln und pinkeln vor Verzweiflung an die

Autoreifen. Ich zupfe die Blümchen aus den Kästen und spucke sie auf die Straße. Was für eine Freude, die Hunde unten werden immer verrückter. Unser Gastgeber auch. Herrchen wird höflich gebeten, mit mir die Wohnung wieder zu verlassen. Dabei sind noch jede Menge Käsehäppchen auf dem Teller.

Schade, der Spaß ist vorbei. Ich muss Herrchen dringend überreden, sich auch einen Balkon anzuschaffen.

Wer anderen eine Grube gräbt

Shiva muss in ihrem vorigen Leben ein Bagger gewesen sein. So schnell, wie sie am Strand vom Schlachtensee Löcher buddelt, wird jeder Maulwurf blind vor Neid. Schnell wie ein Raddampfer wühlt sie sich durch die Erde, bis nur noch der Hintern rausguckt und die Schnauze irgendwo in China herumschnüffelt. Natürlich muss ich die Löcher wieder zumachen, ich will ja nicht, dass irgendjemand stolpert. So wie ich heute Morgen, als ich mit einem anderen Hundehalter geplaudert und mal ein paar Sekunden nicht aufgepasst habe. Shiva schaut mich fröhlich an, als ich mich wieder aus dem Loch ziehe. Von wegen, wer anderen eine Grube gräbt ...

Das Leckerli der anderen Leute

Manchmal denke ich, Shiva benimmt sich wie ein unartiges Schulkind. Ich gebe ein Vermögen aus, um ihr immer die besten Leckerlis zu servieren: Kekse, Stangen, Kauknochen, Rindfleisch-Röllchen, Kaninchen-Häppchen – das ganze Programm. Und was macht die feine Dame? Sie nimmt das Leckerli, spuckt es mir wieder vor die Füße und rennt zur Konkurrenz. Dort hockt sie sich ganz brav hin, dreht das Köpfchen und schaut den anderen Hundehaltern in die Augen, bis denen die Knie weich werden. Klar, dass für diese Bettel-Show immer ein Leckerli abfällt. So richtig sauer darf ich aber nicht sein. Ich habe als Kind auch ständig nach den Pausenstullen meiner Klassenkameraden gegiert und die eigene in den Papierkorb geschmissen.

Ein Wiedersehen im Tierhimmel

Irgendwas stimmt hier überhaupt nicht. Eben sind Herrchen und Frauchen vom Tierarzt wiedergekommen. Mit Tränen in den Augen und einer leeren Transportbox. Vor zwei Stunden hockte da noch mein bester Kumpel Oskar drin. Vielleicht hat er sich ja wieder versteckt. Hat er sich in letzter Zeit doch immer mehr zurückgezogen. Ich schnüffle überall herum, im Schrank, unter dem Bett, hinter dem Sofa. Aber er ist nicht mehr da. Mein guter alter Kumpel. Ich weiß noch, wie er mich als Welpen in unserem Haus in Portugal die Treppen heruntergeschleudert hat. Er war mein Boss, ganz klar. Ich habe erst Futter gekriegt, als sein Napf leer war. Dafür hat mich der coole Kater vor allzu aufdringlichen Rüden verteidigt.

Wenn es warm war, haben wir uns gemeinsam in den Schatten gelegt und uns eingekringelt. Bei der Aufzucht von den sieben kleinen Kätzchen hat er mir auch geholfen. Jetzt ist er nicht mehr da. Ich vermisse ihn, auch wenn ich das nicht so zeigen kann. Aber ich glaube, ich muss jetzt erst mal Frauchen und Herrchen trösten gehen.

Wenn der Pizzamann zwei Mal klingelt

Eine Unverschämtheit. Es klingelt an der Tür. Zwei Mal! Zu nachtschlafender Zeit, abends um 19 Uhr. Normalerweise stört das Shiva nicht. Sie bleibt im Bett, hebt höchstens mal ihr Köpfchen. Aber heute rastet sie aus, stürmt an die Tür, drängt mich beiseite und macht Alarm, als ob der Gerichtsvollzieher im Flur steht. Dabei ist das nur der Pizzabote. Aber was für einer. Er hat eine riesige Mütze auf dem Kopf, wirre lange Haare und brabbelt unverständliches Zeugs. Irgendwie sieht der unheimlich aus. Shiva kriegt sich nicht mehr ein, bellt und springt und springt und bellt. Die heiße Pizza Funghi interessiert sie überhaupt nicht. Nur mit Mühe klappt die Übergabe, dann rast der Typ die Treppen wieder runter. Erst, als die Pizza kalt ist, beruhigt sich meine Hündin. Aber ich bin nicht böse auf sie, ich hätte auch gebellt.

Das TV-Duell

Herrchen hängt mal wieder vor der Glotze. Wie jeden Abend. Irgendein Krimi läuft da. Für die ganze Familie, hat Herrchen gesagt. Ein Krimi mit einem netten Kommissar und einem Hund. Und tatsächlich, ich höre Gekläffe. Herrchen hat mich ganz nach hinten verbannt, weil er ungestört gucken will. Aber so ein Gekläffe höre ich sogar, wenn der Mann im Mond Gassi geht. Also stürze ich aus dem Bett, um den Störenfried zu suchen. Ich renne die ganze Wohnung ab, es klafft immer noch, aber von einem Hund ist nichts zu sehen, geschweige denn zu riechen.
„Das ist der Terrier des Kommissars", versucht mich Herrchen zu beruhigen. Aber der Alte kann mir viel erzählen. Ich belle so lange, bis sich der blöde, unsichtbare Köter ergibt. Egal, ob der vom öffentlich-rechtlichen Fernsehen oder vom Hundespielplatz kommt.
Ich werde immer stinkiger, das kann doch nicht sein.
Herrchen fängt an zu schwitzen. Es klingelt an der Tür, irgendein Nachbar beschwert sich wieder. Dann ist die TV-Folge zu Ende, ich kann mich wieder ins Bett legen und Herrchen darf weiter gucken. Reklame für Waschmittel, nicht für Hundefutter, bitte.

Was Hänschen lernt ...

Wie süß. Eine kleine Boxerhündin hat Shiva entdeckt. Ein Welpe, wie man es in jeder Hundefutterwerbung sieht. Meine Hündin findet das freche Mädchen auch toll. Sie lässt sich alles gefallen. Die Lütte tobt auf ihr rum, beißt ihr in die Ohren und in den Hintern und Shiva schnappt nicht zurück. Dafür zeigt sie dem Nachwuchs, wie das Leben besonders schön ist. Sie buddelt Löcher, die

Boxerhündin macht es ihr nach. Sie nimmt Reißaus, ihre neue Freundin ist ebenfalls verschwunden. Shiva klaut einem dicken Rüden den Ball, ihre Spielgefährten versucht das auch. Allerdings vergebens.
Jetzt weiß ich, warum die Hunde so viel Mist bauen. Das lernen sie von Kindesbeinen an. Als Frauchen dann noch meinte, ein Welpe würde unserem Haushalt noch gut stehen, buddle ich mich ein, in das Loch, das Shiva für mich gemacht hat.

Gute Nacht, Marie

Shiva liegt in meinem Bett, alle Viere von sich gestreckt, den halben Grunewald über die Tagesdecke verstreut. Und schnarcht. Und träumt. Ihre Beine fangen an zu zucken, jetzt rennt sie noch einmal um den See herum, dann fängt sie an zu fiepen, jetzt trifft sie Bruno, den kaukasischen Schäferhund, wieder. Sie schiebt im Schlaf die Tagesdecke weg und wühlt sich mit geschlossenen Augen durch die Kissen, als wolle sie ein Loch buddeln. Und dann, in der sogenannten REM-Phase, hebt sie das Bein.
Gut, dass ich hellwach bin und sie noch rechtzeitig aus dem Schlaf reißen kann. Sonst hätte für mich der Alptraum begonnen, behauptet Frauchen.

Mattscheibe

Was für ein schönes Teil. Darauf habe ich das ganze Jahr gespart. Ein Flachbildschirm, dünner als Seidenpapier, und was für eine Auflösung! Die macht aus einer Mücke einen Elefanten. Wie Shiva. Als wir den neuen Fernseher anknipsen, läuft gerade eine Sendung

über Katzenbabys. Na prima, Shiva ist sofort Feuer und Flamme. Sie liebt Katzenbabys, hat damals in Portugal gleich sieben großgezogen. Gebannt hockt sie vor der Flimmerkiste und nimmt mir die Sicht. Hören kann ich auch nichts, meine Hündin fiept und jault und hechelt, wie es nur eine Mutter kann, wenn ihre Kleinen sich im Sandkasten um die Förmchen streiten. Als dann die Mini-Miezekatzen anfangen, sich zu balgen, hält Shiva nichts mehr auf. Sie springt direkt in die Flimmerkiste und fängt an, wie verrückt an der Mattscheibe zu kratzen. Hätte ich ihr bloß vorher die Krallen geschnitten. Jetzt muss ich das schöne Teil wieder einpacken und versuchen, es umzutauschen.

Und noch ein Spaziergang

Ich bin gerne an der frischen Luft.
Frühmorgens, wenn es noch dunkel ist, am Vormittag, wenn alle anderen Hundehalter ebenfalls rausmüssen, am frühen Nachmittag, wenn es draußen so richtig heiß ist und der Duft der Pommes-Buden die Luft veredelt, und spätabends, vor dem zu Bettchen gehen. Natürlich bin ich nie alleine draußen. Shiva ist immer bei mir und freut sich ebenfalls über die Spaziergänge. Vor einem halben Jahr waren es noch zwei Waldtouren am Tag, aber welcher Hund gibt sich schon mit dem zufrieden, was

er erreicht hat? Also legt mir Shiva jetzt jeden Tag so gegen 17 Uhr einen alten durchgekauten Tannenzapfen vor die Füße. Ich weiß, was das bedeutet: „Los, Alter, beweg deinen Hintern, ich will noch mal in den Grunewald."
Nicht mit mir! Oder doch? Ach, so ein kleiner Spaziergang zwischendurch kann ja nicht schaden. Frauchen will mir morgen ein Zelt und einen kleinen Grill kaufen.

Fang das Herrchen

Was sind das nur für gemeine Viecher, diese Katzen. Machen voll den Harry, nur weil sie einen neuen Kletterbaum haben.
Ist aber auch ein Prachtstück. Drei Meter hoch, mit Aussichtsplattformen, Höhle und frei schwingenden Quietschebällchen. Da werde ich doch ziemlich neidisch. Mini und Pauli flitzen wie die Wahnsinnigen rauf und runter. Na, da muss ich doch mitspielen. Also jage ich die beiden über den Korridor. Natürlich nicht so schnell, ich will sie ja nicht wirklich fangen. Von oben hauen sie mir dann vergnügt auf den Kopf. Ich tue so, als ob ich ihnen hinterherklettere. Da springen sie von ganz oben wieder runter. Wie lustig. Herrchen hat auch seine Freude dran. Bis ich anfange, ihn zu jagen. Leider kommt er auf den Kletterbaum nicht rauf. Angeblich wären seine Fingernägel zu kurz. Ich glaube eher, er ist zu dick ...

Ich nix verstehen

Wir sind mal wieder unterwegs in meiner zweiten Heimat, dem Grunewald. Wie jeden Morgen ist eine Menge los. Hier ein Hund, da ein Hund und in der Mitte Shiva. Sie macht sich wieder platt wie eine

Flunder und lässt sich von allen Seiten beschnuppern. Auf einer Lichtung stehen ein paar Männer und betrachten das Geschehen. „Die ist aber ängstlich", behauptet der eine. „Die ist nur gut sozialisiert", antwortet der andere. Der dritte im Bunde meint: „Die will doch nur die Rüden anbaggern."

Scheinen ja alle Experten zu sein. Shiva stört das nicht weiter, sie bellt einfach mal einen Baumstumpf an. „Die ist aber aggressiv", sagt der eine. „Das ist Angstbellen", erklärt der andere. „Ihr habt doch alle keine Ahnung", weiß der dritte.

„Schnauze halten!", brülle ich in den Wald hinein. Ich meine natürlich meine Hündin.

In der Finsternis

Jetzt wird Ernst gemacht. Mein Fahrrad ist geklaut worden. Ich muss mit der U-Bahn zum Tierarzt. Shiva auch. Sie ist noch nie U-Bahn gefahren. Ich schon. Sie schaut mich an, als ob ich ihr die Ohren kupieren will, während ich versuche, sie die Treppen runterzuschieben. Keine Chance. Erst als ich, wie damals bei Hänsel und Gretel, auf jeder Stufe eine kleine Leberwurst auslege, tippelt sie runter. Eine Stufe nach der anderen.

Die Leberwurst ist alle, wir sind unten am Bahnhof. Die U-Bahn kommt mit Getöse. Shiva ist schneller wieder oben an der frischen Luft, als ich „Leberwurst" sagen kann. Dieses Training muss ich wiederholen, aber nicht heute. Heute müssen wir zum Tierarzt. Zu Fuß.

Zu viel Hund, zu wenig Schlaf

War das eine heiße Party. Seit langem habe ich mich nicht mehr so amüsiert. In meiner Stammkneipe, bei mir im Haus, mit dem anderen Gast, der neben mir über dem Tresen hing. So gegen vier Uhr bin ich nach Hause gekommen und habe mich ins Bett geworfen. Wirklich müde.

Zehn Minuten später weckt mich Shiva mit ihrer kalten Schnauze. Ich flehe sie an, ich bettele um Gnade. Ein Bild des Elends, ein Jammerlappen. Doch Shiva stellt sich stur, schiebt das Kopfkissen beiseite, unter das ich mich verkrochen habe. Katze Mini steigt mit ins Spiel ein, trampelt auf meinem Bierbauch herum. Es hilft nichts, ich muss wieder aufstehen und Gassi gehen. Nur gut, dass um diese Zeit keiner auf den Beinen ist. Vor der Tür begrüßt mich der Wirt und wünscht mir einen schönen Tag. Das nächste Mal schicke ich Shiva in die Kneipe.

Akrobat schöön!

Herrchen dreht mal wieder durch. Vielleicht hat er zu viel Dieter Bohlen geguckt. Auf jeden Fall will er mir mal wieder ein Kunststückchen beibringen. Als ob ich mich nicht schon genug zum Affen mache, damit er mich überall stolz vorführen kann. Aber was soll's, beim Kunststückchen-Training ist seine Tasche voll mit Leckerlis. Also tu ich ihm den Gefallen.

„Take five" kenne ich ja schon, da muss ich ihm eine Pfote in die Hand hauen, um ein Leckerli zu kriegen. Das ging ganz einfach. Jetzt will er mir aber „Alle Neune" beibringen. Ich soll ihm beide Pfoten gleichzeitig in die Hände klatschen. Ich kapiere zwar schnell, was der Depp will, hau ihm aber erst mal die Krallen auf die Nase.

Er bleibt geduldig und nach zehn Minuten und 132 Leckerlis tue ich ihm den Gefallen und treffe seine Flossen. Na, da ist er aber stolz. Und von Ehrgeiz zerfressen.
Jetzt will er, dass ich ihm auch noch meine Hinterpfoten aufs Auge drücke. „Alle 20" nennt er das. Der hat doch nicht mehr alle Tassen im Schrank.
Nicht mit mir! Ich bin doch kein Tausendfüßler. Zwei Beine brauche ich schließlich, um nicht aus dem Gleichgewicht zu kippen. Da hilft auch das Würstchen nicht, das er aus der Reserve zaubert. Der soll mir erst mal zeigen, ob er so gut auf allen Vieren laufen kann wie ich …

Wenn der Schäferhund kommt

Shiva liebt andere Hunde. Nur Schäferhunde nicht. Die kann sie auf Deubel komm raus nicht ausstehen. Als Welpe wurde sie mal von einem angefallen. Seitdem macht sie einen großen Bogen um diese Artgenossen. Da geht es ihr wie mir. Auch ich bin als Kind von einem Schäferhund angemacht worden. Und wenn uns jetzt so einer kommt, gibt's Radau. Shiva bellt, ich brülle. Das hält der stärkste Schäferhund nicht aus.
Frauchen findet unsere Reaktion etwas überzogen und hat uns deshalb einen Schäferhund geschenkt. Aus Plüsch. Das nennt sie Gewöhnungstherapie. Den darf ich mir mit Shiva teilen.

Faule Eier

Was bin ich froh. Ostern ist vorbei. War das wieder anstrengend. Zugegeben, es hat Spaß gemacht, nach den Eiern zu suchen, die Frauchen versteckt hat – wenn ich mal schneller war als Shiva. Nicht ganz so gut angekommen ist aber die Eierdiebnummer, wenn Shiva all den Kindern im Park die Leckereien vor der Nase weggeschnappt hat und ich die Armen mit Ersatz-Eiern trösten musste. Eigentlich mag Shiva gar keine Schokolade. Aber es macht ihr einfach Riesenspaß, irgendwas zu klauen. Sie muss in ihrem früheren Leben eine Elster gewesen sein. Und jetzt, wo alles vorbei ist, findet sie immer noch ein paar süße Sachen, die vergessen wurden. Das macht die Sache wieder wett.

Das Flummiball-Massaker

Das hat uns noch gefehlt. Damit konnte ich schon als Kind jeden Hausmeister zur Raserei und die Glaserei in der Nachbarschaft zu unverhofftem Reichtum bringen: Flummibälle, aber die ganz harten. Die, die mit einem Wurf auf den Boden Hochhäuser überspringen, gegen alle Ecken und Kanten knallen und zum Schluss zwischen den Zähnen landen. Flummis haben meine Kindheit geprägt und sind jetzt im Zubehörladen für Hunde preisgünstig zu erwerben. Ich kaufe gleich 20 Stück, man kann ja nie wissen. Und dann geht sie ab, die Jagd über unseren langen Flur. Padeng-padeng! Katze Mini voraus, Shiva hinterher. Durch das Esszimmer, das Wohnzimmer, gegen die Vase, über den Herd, unter das Sofa und wieder zurück. Was für ein herrlicher Krach. Das Knallen der Bälle, das aufgeregte Schreien der Katze und das fröhliche Bellen meiner übermütigen Hündin. Frauchen zieht über das Wochenende zur Schwiegermutter. Ich ziehe es vor, nicht an die Tür zu gehen, wenn die Nachbarn dagegen donnern.

Bangbüx

Herrchen ist eine echte Bangbüx, macht sich mal wieder ins Hemd, nur weil ich auf große, knackige Rüden stehe. Am liebsten ab Rottweiler aufwärts, es darf aber auch ein Staffortshire sein. Je rüpeliger, desto schöner das Spielchen. Heute im Grunewald ist es eine amerikanische Bulldogge. Der könnte mit seinem Riesenmaul problemlos einen Poller verschlucken. Der Panzerknacker unter den Hunden.

Klar, dass ich ihn zum Tanz auffordere. Der Dicke lässt sich darauf ein und macht mit. Ab geht die Luzie, immer schön um Herrchens Beine herum. Der soll ruhig mal mitspielen. Es geht zu, wie beim American Football. Und Herrchen liegt unten.

Als sich dann auch noch ein Neufundländer einmischt, hat Herrchen die Schnauze voll und versucht, sich aus dem Getümmel zu befreien. Er versteckt sich hinter einem Baum, wir spielen noch eine Weile weiter.

Das nächste Mal, sagt Herrchen auf dem Heimweg, gehen wir in einen Pinscher-Club.

Das wollen wir doch mal sehen.

Das Parfüm

Wie wunderbar Shiva riecht, Frauchen ist ganz vernarrt in diesen zitronigen Frühlingsduft, der durch ihr Kurzhaarfell weht. Das alles kommt nur von diesem biologischen Spot-On-Mittel und ist auch noch wirksam gegen mieses Ungeziefer. Zecken und Flöhe mögen das nämlich überhaupt nicht. Shiva auch nicht. Sie schnuppert irritiert an sich herum und zischt ab. Quer durch den Grunewald, rein in die nächste Sandkuhle, und verpasst sich eine Abreibung nach der anderen. Sie wälzt sich und wälzt sich und sieht irgendwann aus wie ein paniertes Hundeschnitzel. Tatsächlich duftet sie danach nicht mehr so toll.

Gut, dass ich noch ein paar Tropfen übrig habe, die tupfe ich mir an den Hals. Mal sehen, was Frauchen dazu sagt.

Hundehalter sind alle nett

Mir beben die Nasenflügel, die Hände zittern, meine Knie schlottern um die Wette. Was für ein Kerl da vor mir steht. Marke: bayerischer Holzfäller, von Kopf bis Fuß tätowiert, mächtige Sonnenbrille, spiegelglatte Glatze. Dann drückt er sich den Helm auf den Schädel, wirft sich auf seine Harley und brettert los, dass selbst die stressresistenten Nebelkrähen zur Seite hüpfen. Shiva macht das überhaupt nichts aus, sie beachtet den gar nicht.

Gut, dass schon die Sonne aufgegangen ist, ich würde dem Typen nachts nicht begegnen wollen.

Fünf Minuten später kommt er wieder angeknattert, mit einer Brötchentüte im Mund. Dann macht er seine Haustür auf und pfeift einmal kurz. Ein Mops kommt angeflogen, direkt in seine muskulösen Arme. Die beiden schmusen und toben herum – was für ein harmonisches Miteinander. Ich gehe mit Shiva vorbei, sage freundlich „Guten Morgen", er lächelt mich an und wünscht mir einen „Schönen Tag".

Ach, Hundehalter sind doch nette Menschen.

Auf Schnarchtour

Herrchen ist ein Gewohnheitstier. Jeden Tag zieht er mit mir dieselbe Runde, immer denselben Weg:

einmal rund um den Grunewaldsee. Gähn. Hier kenne ich mittlerweile jeden Ast, jeden Haufen und jeden Hund. Die meisten davon kann ich nicht mehr riechen.

Heute muss ich Herrchen mal wieder an die Leine nehmen. Als wir aus dem Wagen steigen, zerre ich ihn gleich in eine andere Richtung. Kriegt der gar nicht mit, weil er mal wieder sein Handy vollspucken muss. Wir gehen also links herum. Und siehe da, vor uns taucht eine Lichtung auf. Eine kleine Oase mitten im Grunewald. Mit Sandbergen, Birkenwäldchen, wunderschön. Und mit Bänken, wo sich das ach so erschöpfte Herrchen hinsetzen kann, während ich fröhlich über die Hügel tobe. Dann tauchen auch noch ein paar wollige Typen auf und blöken mich freundlich an. Diese Viecher kenne ich aus Portugal, die lassen sich prima in die Ecken treiben. Leider ist ein Zaun zwischen ihnen und mir, aber es macht trotzdem Spaß. Bis Herrchen sich wieder erholt hat und wir weiterziehen. Morgen werde ich ihn mal woanders hinschicken. Ich bin ein Hund und kein Gewohnheitstier.

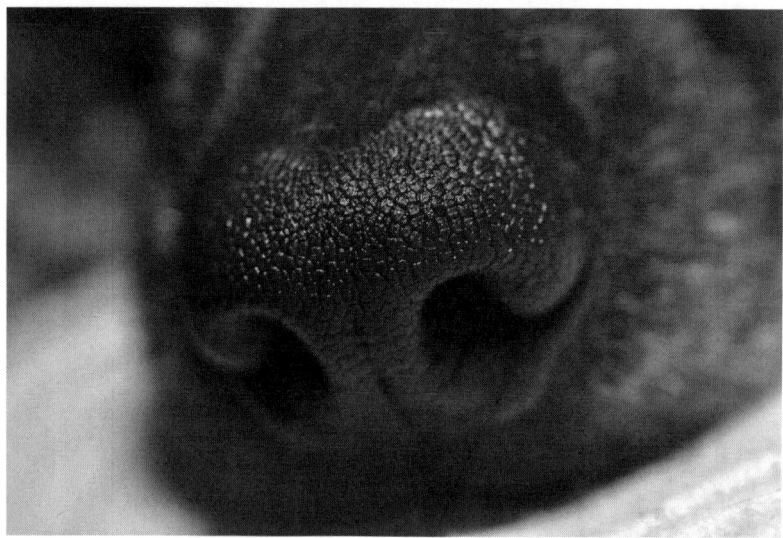

In der Welpenschule

Wir sind von einer Trainerin eingeladen in ihre Welpenschule. Nicht, weil Shiva mal wieder nicht auf mich hört, sondern einfach nur zum Spaß. Und den haben wir. Es öffnet einem das Herz, wenn man junge Hunde herumtollen sieht. Shiva ist auch völlig begeistert, stürzt sich ins Geschehen und fordert die Kleinen zum Spielen auf. Rein in den Pool, raus aus dem Pool, durch die Sandkiste, über Hindernisse. Shiva macht es vor, die Welpen ihr nach. Hunde lernen beim Spielen. Shiva buddelt ein Loch, alle buddeln Löcher. Shiva kriecht unter dem Zaun hindurch, ihre Gefolgschaft macht es ihr nach. Und die Zweibeiner selbstverständlich auch. Panisch schnappen sie sich ihre Leinen und rennen hinterher. Nach vierzig Minuten haben wir die Ausreißer wieder eingefangen. Die Stunde ist rum, die Welpenschule vorbei. Ich komme mit Shiva gerne wieder.
Wenn ich darf.

Versteckspiel

Herrchen will es sich heute mal wieder ganz bequem machen. Kurze Pippirunde und dann wieder schön hinter den Ofen. Okay, es ist kalt, aber das heißt noch lange nicht, dass ich zu Hause bleiben muss. Während sich Herrchen seine Zeitung schnappt, packe ich den Futterbeutel und schmeiß ihm den vor die Füße. So lange, bis sein dickes Köpfchen hinter der Zeitung hervorlugt und er mich anblickt. Jetzt weiß er: Wenn er nicht gleich mit mir spielt, nehme ich die Wohnung auseinander. Also steht er auf und versteckt den Futterbeutel. Natürlich will er mich ärgern und versteckt ihn in der Badewanne.

Weil er das immer macht, finde ich das Ding natürlich ganz schnell. Danach schiebt er den Beutel unter das Kopfkissen im Bett. Auch dieses Versteck kenne ich natürlich. Danach liegt das Ding unter dem Kühlschrank, auch kein Problem, habe ich gespeichert.

Herrchen wird jetzt richtig wütend - und schmeißt das leckere Spielzeug aus dem Fenster. Genau da wollte ich ihn hinhaben. Weil er sich danach ärgert, nimmt er mich an die Leine und wir gehen doch noch Gassi. Im Vorbeigehen hole ich mir den Futterbeutel. Prima, so habe ich zwei Fliegen mit einer Klappe geschlagen.

Neuer Kater, altes Spiel

Das wird ein aufregender Tag. Wir sind heute Morgen zum Katzenschutzverein Glindow gefahren, um für Mieze Mini einen neuen Partner zu finden. Sie ist unglücklich, vermisst ihren verstorbenen Kumpel Oskar. Shiva musste natürlich mit, an ihr kommt keine neue Katze vorbei. Wir sind auch schnell fündig geworden. Ein winziges gestromtes Etwas ist uns direkt in die Arme gelaufen. Pauli haben wir den Lütten genannt. Jetzt hockt er neben Shiva auf dem Rücksitz unseres Autos und versteht die Welt nicht mehr. Meine Hündin ist ebenfalls irritiert, schnuppert an der Transportbox herum, fiept und jault. Vielleicht erinnert sie sich ja an die sieben Katzenbabys, die sie in Portugal großgezogen hat. Für Pauli allerdings muss Shiva wirken wie ein außerirdisches Wesen.

Zu Hause angekommen verkriecht sich der Neue erst mal in einer Schublade unseres Schreibtisches, während Mini aufgeregt herumfaucht. Das wird eine ganz schwierige Nummer.

Welpenschutz

Unser Neuzugang – Dreikäsehoch Pauli – zeigt sich als echter Kater. Es hat nur ein paar Tage gedauert, und er tanzt Mini auf der Nase herum. Springt sie an, springt über sie rüber, klaut ihr das Futter und jagt sie über den Flur. Nur vor Shiva zeigt Pauli noch gehörigen Respekt. Immer, wenn sie in seine Nähe will, zischt er unter den Schreibtisch. Zu recht. Aus seiner Perspektive sieht meine Hündin ja auch aus wie ein Alien. Aber Shiva gibt nicht auf. Sie legt sich in den Flur, macht sich klein, fiept wie ein Kaninchen – und tatsächlich. Vorsichtig, ganz vorsichtig nähert Pauli ihr sich, schnuppert an ihren Pfoten, knabbert an ihren Ohren und Shiva bleibt ganz ruhig. Das war wirklich eine gute Entscheidung. Vor allem Katze Mini ist begeistert, denn nun ist sie beschäftigt, wenn Shiva außer Haus ist. Sogar, als Pauli die Frechheit besitzt, an ihren Futternapf zu gehen, faucht sie ihn nicht aus der Küche. Das hätte ich mal machen müssen.

Weichei

Was hat denn Herrchen nun schon wieder? Ist ja ganz aufgeregt. Dabei ist doch alles normal, oder? Der dicke Rüde vor mir hat das Bein gehoben und den Baum markiert, also mache ich das auch. Das ist nun mal meine Sprache, damit will ich sagen: Hey Leute, ich war hier, ich komme wieder, und der Rest der Welt gehört mir auch. Vor allen Dingen aber diese Stelle! Herrchen versteht mal wieder gar nix. Behauptet allen Ernstes, ich hätte ihn betrogen und wäre eigentlich ein Rüde. Weil Damen sich beim Pinkeln hinsetzen würden. Mach ich ja auch, wenn ich wirklich mal muss. Aber das hier ist was anderes. Das hier ist Territorial-Getue.

Gehört zum Hundeleben dazu, auch zum Hündinnenleben. Wenn man kein Weichei ist.
Gut, dass der Hundetrainer um die Ecke biegt. Ihm klagt Herrchen sein Leid und wird gleich beruhigt. Der Trainer findet auch, dass ich mich ganz normal benehme. Anders als Herrchen. Als der zu Hause auf die Toilette geht, setzt er sich doch glatt hin. Dieses Weichei.

Schnupperkurs

Shiva läuft mittlerweile gut bei Fuß, aber nicht dahin, wo ich will. Sie hat, von mir unbemerkt, im Laufe der letzten Wochen den Kurs im Grunewald geändert. Kleine Umwege und kleine Steigungen eingebaut. Merkwürdigerweise treffen wir auf diesem neuen Shiva-Weg viel mehr Leute als vorher. Und bei jeder Begegnung gibt es ein Leckerli für Shiva. Überall zieht sie ihre Show ab, so dass den Hundefreunden die Würstchen nur so aus den Taschen fallen. Am Wochenende bringt sie es auf ihrem „Schnupperkurs" auf mittlerweile sieben Stationen. Einerseits ist mir das peinlich, andererseits brauche ich jetzt selbst keine Leckerlis mehr mit mir herumzuschleppen. Auf ihr zweites Frühstück nach dem Spaziergang verzichtet meine Hündin natürlich nicht.

Stolperfallen

Manchmal ist Herrchen zu blöd, um Gassi zu gehen. Weil er mit den Gedanken immer irgendwo anders sein muss, nur nicht auf der Straße. Normalerweise stört mich das nicht. So kann ich tun und lassen was ich will, zum Beispiel leckere Reste vom Pflaster aufsaugen. Aber heute ist es ganz schlimm. Irgendein Poller steht uns beim Paarlauf im Wege. Ich will links rum, Herrchen zieht es nach rechts – die Augen hat er mal wieder in der Luft. Die Leine bleibt am Poller hängen. Herrchen fällt auf die Schnauze und mir würgt das Halsband die Luft ab. Mühsam rappelt sich der Dicke wieder auf, entschuldigt sich und wir trotten weiter. Weil das nicht der einzige Poller auf unserer Runde ist, bleibe ich lieber an seinem Bein kleben, wenn so ein Hindernis auftaucht. Schließlich will ich ja noch eine Weile mit Herrchen um die Häuser ziehen.

Oberwasser

Pauli wird immer dreister, jagt Mini durch die gute Stube und fängt nun auch an, Shiva zu ärgern. Immer, wenn sie an ihm schnuppern will, fährt er seine kleinen, aber doch schon ziemlich scharfen Krallen aus und hackt ihr in die Schnauze. Doch Shiva zuckt mit keiner Wimper. Auch als Pauli ihr vom Tisch aus in den Nacken springt, schüttelt sie ihn nur kurz ab und wartet geduldig auf den nächsten Angriff. Erst als er sich in ihren kleinen Stummelschwanz verbeißt, scheint sie sauer zu werden. Wie ein angestochener Gaul galoppiert sie durch den Flur mit Pauli als Anhang. Aber sie wird den frechen Kerl einfach nicht los, ich muss ihn von ihr abpflücken. Doch kurz darauf lädt sie ihn mit provozierend wedelnden Schwanz zu einer neuen Runde ein. Sie wollen ja nur spielen.

Wolf und Hündin

Heute hat Shiva wohl den aufregendsten Tag ihres Lebens. Wir sind im Wildpark Schorfheide. Wo die Wisente grasen und die Otter flutschen. So viele verschiedene Tiere hat meine Hündin noch nie gesehen. Um die Wildschweine machen wir einen Bogen, aber dann kommen wir zum Wolfsgehege. Shiva wird total unruhig, klebt an meinen Beinen. Die Wölfe – Gott sein Dank auf der anderen Seite des Zaunes – strafen sie anscheinend mit Missachtung. Aber nicht wirklich. Shiva und ich gehen langsam am Zaun entlang. Die Wölfe verteilen sich und schnell habe ich das Gefühl, dass wir umzingelt sind. Ich kriege eine Gänsehaut und Shiva fängt an, leicht zu zittern. Die Alphawölfin hebt den Kopf und jault einen imaginären Mond an.

Typisch Weib

Shiva hat mal wieder eine neue Freundin. Eine Katastrophe auf vier kleinen Stummelbeinen. Irgendeine pechschwarze Mischung aus Dackel und Terrier. Ein höllischer Cocktail. Frech, aufmüpfig und angriffslustig. Genau die richtige Partnerin für meine Hündin. Jetzt machen sie gemeinsame Sache und mischen jeden Hund auf, der uns entgegen kommt. Natürlich nicht wirklich. Sie reißen nur mächtig ihre Klappe auf. Die meisten Hunde lassen sich von diesem „Weibergeschwätz" nicht beeindrucken. Klar, dass sich die beiden Hündinnen dann sofort zurückziehen und sich unter Frauchens Mantel verstecken. Und ich darf dann den anderen Hunden den Weg versperren. Typisch W ... ! ...

Warmduscher

Mein Herrchen behauptet, ich sei ein Schmutzfink. Nach dem Spaziergang malträtiert er mich deshalb immer mit einem Staubsauger. Der Alte hat doch voll die Meise. Und dann hebt er mich auch noch in die Badewanne und duscht mich ab. Ist das widerlich. All das nur, weil ich mich mal wieder durch den halben Wald gewühlt habe. Heute war es besonders schön. Irgendein alter, toter Karpfen lag da am Strand. Ja, so was von lecker. Jetzt riecht unsere Wohnung wie ein Fischbrötchen, meint Herrchen und rümpft die Nase. Aber so eine warme Dusche muss doch nicht sein. Wozu habe ich Mini, meine kleine Katze? Die hilft mir nach jedem Spaziergang beim Saubermachen, leckt mir das Fell, putzt mir die Ohren. Dabei kriecht sie mit ihrem kleinen Köpfchen fast ganz in meine Lauscher rein. Normalerweise mag ich das nicht. Aber Mini darf das. Mini ist meine Adoptivtochter, die habe ich damals in Portugal großgezogen. Herrchen kann mir mit seiner Dusche echt gestohlen bleiben. Aber, was soll's, wenn ich danach aufs Sofa darf ... und er nicht.

Mittagsruhe

Endlich ist Mittag und ich begebe mich zur Ruhe. Mit Shiva natürlich. Das war aber auch ein anstrengender Spaziergang. Meine Hündin hat die ganze Zeit wild getobt, kriegte sich gar nicht mehr ein. Jetzt liegt sie eng an meine Beine gekuschelt. Wie gemütlich. Ich döse langsam weg – und schrecke wieder auf. Shiva hat angefangen zu träumen. Sie träumt, sie wäre wieder im Grunewald bei ihren Freunden. Sie träumt, sie tobt noch mal eine Runde durchs Geäst. Und fiept und strampelt dabei mit den Beinen, als wären die Wildschweine hinter ihr her. Das ganze Vormittagsprogramm noch mal von vorne. Ich falle aus dem Bett. Für mich ist die Mittagsruhe beendet. Meine Hündin beruhigt sich wieder und schläft bis zum Abend durch.

Terrorbekämpfung

Katze Mini hat unserem kleinen Pauli, der jetzt gar nicht mehr so klein ist, viel Blödsinn beigebracht. Zum Beispiel hat sie ihm gezeigt, wie man Tapeten zerfetzt und die teuren Polstermöbel aufschlitzt. So geht das nicht weiter, ich muss die Polizei einschalten: Shiva! Sie soll die beiden maßregeln. Und das geht ganz einfach. Immer, wenn Mini und Pauli wieder einen Angriff auf die Einrichtung starten, werfe ich ein Leckerli an den Tatort. Da kennt meine Hündin nix. Sie ist schneller als die Katzen. Die müssen scharf bremsen und rechtzeitig abbiegen. Denn wenn Shiva an einem Leckerli herumknabbert, duldet sie keine Konkurrenz neben sich. Wagt sich der freche Pauli doch zu nahe ran, wird er einfach mit der Schnauze durch den Flur gepfeffert. Shiva, mein Freund und Helfer.

Tatütata

Jetzt geht' aber los. Da will mir einer an den Kragen. Das spür' ich. Was für ein Alarm. Ganz komische Geräusche. Ein Quaken wie in einem Froschteich. Leider kann ich nicht sehen, woher das kommt. Wir sind im Park und die Büsche haben wieder Blätter. Ich hebe meine Schnauze in die Luft und schnüffele. Auch Herrchen ist schon ganz unruhig. Ich muss los, der Störung auf den Grund gehen. Herrchen muss mit, schließlich hängt er hinten an der Leine. Das Gekrächze kommt immer näher, Passanten eilen herbei. Da scheint wirklich was ganz Böses hinterm Busch zu sein. Und plötzlich steht das Ungetüm vor mir. Es ist grünweiß-gefleckt, sieht ziemlich metallisch aus und auf seinem Kopf hat es eine ganz komische Schnauze, die fürchterlich plärrt. „Das ist doch nur ein Polizeiauto", brüllt Herrchen. Zu spät, das Monster knöpfe ich mir vor ...

Such das Kätzchen

Was für ein Drama. Als ich den Müll runter-bringen will, flitzt der freche Pauli zwischen meinen Beinen hindurch und ist im Hinterhof, bevor ich ausatmen kann. Ich lasse die Mülltüte fallen und renne hinterher. Pauli gerät in Panik, rast wie eine durchgeknallte Spielzeugmaus ins Gestrüpp und ist zwischen den Tonnen verschwunden. Ich hole Shiva runter. „Such Pauli", sage ich ihr. Es dauert nur zwei Minuten und sie hat den kleinen Ausreißer gefunden. Ganz vorsichtig pflückt sie Pauli auf und trägt ihn in ihrem Maul die Treppe hoch. Ich wusste, ich kann mich auf meine Hündin verlassen, hat sie doch in Portugal sieben Katzenbabys großgezogen.
Das nächste Mal, wenn Frauchen im Kaufhaus in der Schuhabteilung verschwunden ist, weiß ich, was ich zu tun habe.

Blockadedurchbruch

Shiva hat viele Freunde im Grunewald. Auch Zweibeinige. Die allerliebste aber ist die Kerstin, die jeden Morgen mit ein paar Hunden spazieren geht.

Wenn meine Hündin diese nette Frau in die Nase kriegt, dann gibt es kein Halten mehr. Sie rennt quer durch den Wald, die Hügel hoch, kürzt über den See ab, Hauptsache, sie ist so schnell wie möglich bei Kerstin. Denn die hat immer eine riesige Tasche voll Leckerlis. Das Problem ist nur, diese Tasche wird von einer kleiderschrankförmigen Mastiff-Dame bewacht. Jeder andere Hund würde nicht im Traum daran denken, diese Blockade zu durchbrechen. Aber Shiva macht das mit links. Sie tobt mit ihr ein paar Minuten über die Wege, bis das Kraftpaket keine Luft mehr kriegt und sich hinlegt. Nach dem Sport schmeckt das Leckerli ganz besonders gut.

Adrenalinspiegel hoch!

Shiva ist ein Jungbrunnen. Wenn ich mal schlapp bin, muntert sie mich auf, indem sie ein wenig an der Leine zieht und ich ins Stolpern gerate. Wenn ich dann stürze, ist der Adrenalinspiegel wieder hoch und ich bin wach.
Auch der uralte Retriever-Rüde weiß ihre Vorzüge zu schätzen. Mit müden Knochen hockt er sich vor Shiva hin, bis sie anfängt, Faxen zu machen. Sie wälzt sich, knabbert dem Alten am Fell. Der Rentner springt auf und rennt ein paar Runden hinter meiner Hündin her. Wenn ihm die Zunge über den Boden schleift, hat er genug und wackelt zum Auto. Sein Frauchen ist hellauf begeistert, wir verabreden uns für morgen.

Verstehen Sie Mensch?

Die besserwisserischen Zweibeiner behaupten ja, wir Hunde würden ihr dummes Geschwätz nicht

verstehen, nur auf Laute achten, die Betonung heraushören und ihre fuchteligen Gesten interpretieren.

Ich weiß nicht, wie es anderen Hunden geht, aber ich verstehe Herrchen prima. Wenn er „Ausgehen", sagt, bin ich schon an der Tür, bevor er das Wort zu Ende gesprochen hat. Jetzt will mich der Alte testen und erzählt Frauchen, dass das Essen wieder AUSGEzeichnet war, er bei den Kartoffeln sogar AUSGEflippt ist und die Bohnen AUSGEsprochen schmackhaft waren. Klar, bin ich bei jedem „AUSGE" an die Tür gerannt, obwohl ich wirklich nicht weiß, was er da gefaselt hat. Aber egal. Letztendlich muss Herrchen mit mir nun tatsächlich AUSGEhen und das AUSGErechnet, wo seine Lieblingssendung beginnt.

Einlochen!

Na, das ist eine Freude. Das Dreamteam Shiva, Gonzo und Adele sind heute zusammen unterwegs.
Und dieses Mal machen sie nicht den Grunewald unsicher. Wir haben sie auf die Felder gelassen. Dort, wo der Horizont noch weit ist und die Hunde sich in den Flachpassagen so richtig austoben können.
Und weg sind sie, drei kleine zappelnde, schwarze Punkte am anderen Ende der Welt. Shiva lernt bei diesem Ausflug sogar noch etwas dazu. Gonzo und Adele zeigen ihr, wie man Mäuse aus dem Boden holt. Dort, wo sie den Nager gerochen haben, buddeln beide wie verrückt Löcher. Dieses Feld kann jetzt als Golfplatz genutzt werden.

Laber, laber, laber

Bitte nicht schon wieder. Da freue ich mich wie Bolle auf den Spaziergang im Grunewald - und was macht Herrchen? Kaum steigt er aus dem Auto und leint mich ab, bleibt er stehen und fängt an zu quatschen. Mit irgendeiner seiner Waldbekanntschaften. Und ich darf mal wieder warten, weil der Alte „Bleib!" gesagt hat. So geht das die ganze Zeit weiter. Alle paar Meter hängt Herrchen fest und labert sich die Seele aus dem Leib.

Das reicht mir jetzt aber. Auf sein scharfes Kommando „Bleib!" nehme ich Reißaus und ziehe allein mein Ding durch. Soll er doch bleiben, wo gequatscht wird. Herrchen merkt das nicht mal sofort. Erst als er keine Luft mehr krieg, vor lauter Gerede und seine Bekanntschaft abzieht, fängt er an zu suchen.

Nett, wie ich bin, komme ich auch zurück. Dafür gibt es ein Leckerli, aber beim nächsten Stopp bin ich wieder weg. Jetzt reicht es Herrchen. Und er lässt sich was einfallen. Schiebt ein paar meiner Lieblingsleckerlis unter seinen Schuh und ich muss versuchen, sie darunter auszubuddeln. Nette Beschäftigung, da kann Herrchen ruhig noch stundenlang weiterreden.

Übergewicht

Shiva hat zugelegt, mindestens 20 Gramm. Wir haben zwar keine Hundewaage, wir haben überhaupt keine Waage. So eine Waage, wie wir sie brauchen, gibt es nur im Hamburger Hafen. Aber ich sehe es auch so. Ihr Bauch ist runder geworden. Und ich weiß auch warum. Es sind die vielen Leckerlis von ihren zweibeinigen Fans, die sie auf dem täglichen Spaziergang durch den Grunewald abstaubt. Heute zähle ich mal mit, habe mir extra einen Taschenrechner eingesteckt. Unglaublich, ich komme auf 45 Leckerlis – verschiedenster Art und Geschmacksrichtung. Ich bin entsetzt, Frauchen lacht, schnappt sich den Taschenrechner und addiert noch einmal meine 100 heimlichen Leckerlis dazu. Ich muss heute noch zum Fressnapf, Nachschub holen.

Keile vom Keiler

Mir fällt das Herz in die Hose. Shiva ist mit der wild gewordenen Adele unterwegs. Hier ins Gebüsch, dort ins Dickicht. Adele bellend voraus, Shiva schnüffelnd hinterher. Den Hügel rauf und den Abhang wieder runter, bis ich sie aus den Augen verliere. Plötzlich wird aus Adeles Gebell ein hysterisches Gekläffe, und ich weiß, sie hat was entdeckt. Den Killer-Keiler, wie ihn andere Hundehalter schon getauft haben. So groß wie ein Schreibtisch, nur mit Hauern statt

Schubladen ausgestattet. Ich renne todesmutig hinterher. Der Keiler bleibt cool. Adele mit ihren 10 Zentimetern Risthöhe fällt nicht in sein Opferschema. Und meine schlaue Shiva bleibt auf Abstand. Der Keiler dreht sich einmal im Kreis und fällt wieder in seinen Kessel. Adele ist zufrieden und wir schleichen uns davon.

Belle, wem Gebell gegeben

Herrchen ist mal wieder stolz auf mich, behauptet, in mir stecke eine richtige Callas. Er hat sich einen Digitalrecorder gekauft und hält ihn mir nun ständig vor die Schnauze. Dabei belle ich doch nur. Ein hohes „Wäff", wenn die Katzen mir wieder im Ohr herumkratzen, ein glasklares „Waff", wenn ich jemanden erschrecken will, damit er sein Leckerli fallen lässt. Ein hartes „Wuff", wenn irgendein Schnösel ohne anzuklopfen vor der Haustür auftaucht. Ein messerscharfes „Woff, woff, woff", wenn sich eine dumme Hündin vor mir aufbaut und mir zu wenig Respekt erweist. Und ein weiches „Wiff", wenn ein knackiger Rüde mir zu Pfoten liegt. Herrchen meint, dieses Repertoire reicht aus, um eine Hundeoper zu schreiben. Jetzt will er mir aber erst mal die Tonleiter beibringen.

Der Hund ist ein Elefant

Shiva war in ihrem ersten Leben ein Elefant. Das weiß ich, auch wenn sie nur noch selten trompetet. Aber sie hat das Gedächtnis eines Elefanten. Vor eineinhalb Jahren haben wir mal im Grunewald einen netten alten Herren getroffen, der Shiva mit Putengeschnetzeltem abgefüllt hat. Heute haben wir ihn wiedergetroffen.

Besser, Shiva hat ihn entdeckt – auf der anderen Seite des zugefrorenen Sees – und ist losgelaufen. So schnell, als ob die Hasen hinter ihr her wären. Der nette Herr hat Shiva nicht wiedererkannt, aber trotzdem seine Tupperdose aus der Tasche gezogen und Shiva was abgeben. Dieses Mal war es Rindergeschnetzeltes. Auch lecker. Das wird sich meine Hündin sicherlich wieder merken. Für Leckerlis ist auf ihrer Festplatte noch genug Speicherplatz.

Der Hund, das achte Weltwunder

Vergesst den Tanz-Terrier bei Dieter Bohlen. Shiva werde ich in den nächsten Tagen bei Welt der Wunder anmelden. Meine Hündin kann nämlich lesen! Schlaues Tierchen. Ich habe drei gleich große, mit Leckerlis gefüllte Plastikdosen. Die beschrifte ich. Auf der einen steht Sitz, auf der zweiten Platz und auf der dritten Gib Pfötchen. Die Dosen habe ich hinter meinem Rücken versteckt. Ziehe ich die Dose mit der Aufschrift Sitz, schaut sie mich kurz an und setzt sich hin. Das funktioniert mit den anderen Dosen gleich gut.
Toll was? Ich bin stolz wie Oskar. Dass Shiva gar nicht auf die Dose guckt und schon gar nicht den Text entziffert, sondern nur auf meine unterschiedliche Handstellung achtet, verrate ich nicht. Schließlich wollen wir ins Fernsehen.

Verrat!

Ich halte es nicht mehr aus. Wochenlang haben wir darauf gewartet, dass die beste Hundetrainerin der Welt, Maja, uns besucht, um Shiva noch einmal gründlich durchzuchecken. Ganz aufgeregt sind wir,

als es an der Tür klingelt. Shiva nicht. Sie bleibt seelenruhig auf der Couch liegen und rührt sich nicht. Auch als Maja ihr ein paar gebratene Putenstreifen vor die Nase hält, macht meine Hündin keinen Mucks. Maja wird stutzig, fragt uns, ob wir Shiva irgendetwas verraten haben. Wir müssen es zugeben. Schließlich war der bevorstehende Besuch das Thema Nr. 1 in der Woche. Das muss Shiva mitgekriegt haben. Und weil sie sich vor den professionellen Augen nicht daneben benehmen will, benimmt sie sich vorsichtshalber gar nicht.
Das nächste Mal treffen wir uns im Grunewald, ohne es Shiva zu verraten.

Gute Hunde, blöde Hunde

Dass Herrchen kein Geschmack hat, beweist er jeden Morgen, wenn er uns Brötchen holt. Immer das Billigste statt das Beste. Dieser Knauser. Aber ich habe umso mehr Geschmack, wie es sich ja auch für eine schicke Hündin gehört. Ich mag nicht jeden Hund, der

mir morgens beim Spaziergang im Grunewald vor die Schnauze läuft. Die Auswahl ist riesengroß, für meinen Geschmack sogar viel zu groß. Ein paar Hunde am Tag würden reichen.

Am meisten gehen mir die blonden Retrievertanten auf die Nerven, gleich gefolgt von den Settern. Was für Zappelhunde, ständig springen sie durch die Welt, als wäre alles aus rosa Wolken. Nee, die sind mir einfach zu nett. Cockerspaniel stehen auf meiner Hassliste auch ganz oben. Das sind für mich nur befellte Quietsche-Entchen. Schäferhunde sind auch nicht mein Fall - ich bin als Welpe von einem mal angemacht worden. Das vergisst man nicht. Den Schäferhunden begegne ich mit Respekt, und wenn mir einer zu nahe kommt, jaule ich auf, damit Herrchen mich retten kann. Was dieser Feigling natürlich nicht tut. Terrier finde ich klasse. Die sind schmerzfrei, frech und mutig. Die kann man durch die Gegend schmeißen, ohne dass sie gleich beleidigt sind. Am besten finde ich aber Molosser, so genannte Listenhunde, und die süßen Bordeauxdoggen. Mit denen tobe ich am liebsten.

Schade nur, dass Herrchen sich dann immer hinter einem Baum versteckt. Er hat eben keinen Geschmack.

Die Königin und ihr Hofstaat

Shiva ist jetzt umgerechnet 40 Jahre alt. Eine richtige Dame. Ich nenne meine Prinzessin ehrfurchtsvoll „meine Königin", und Durchlaucht benimmt sich auch entsprechend. Wehe, wenn so ein vorlautes Hundemädchen respektlos in sie hineinrennt oder sich nicht anständig beschnuppern lässt, wenn Madam antrabt. Aber Königin Shiva macht das souverän. Ein kurzer Stups mit der Schnauze, und ihre Untertanen benehmen sich wieder respektvoll. Auch von jungen Kerlen lässt sie sich nicht mehr so leicht anbaggern wie früher. Da ist sie wählerisch geworden. Ich kann nur froh sein, dass ich weiter zu ihrem Hofstaat gehören darf.

Beinahe-Drama

Ich mache mit Shiva die gemütliche Abendrunde, als plötzlich auf dem Mittelstreifen ein Pitbull auftaucht, nicht viel kleiner als ein Airbus. An seiner Leine hängt ein Kind. Shiva entdeckt die beiden natürlich vor mir und alarmiert mich. Das muss den Pitbull sauer gemacht haben: Er prescht los, über die Straße, schleift das Kind hinter sich her und beißt Shiva kommentarlos in die Kehle. Gut dass, meine Hündin so schnell und wendig ist. Der Pitbull kriegt sie nicht richtig zu fassen. Shiva schreit, das Kind schreit, ich schreie. Endlich taucht das Herrchen auf und nimmt seinen großen Hund an die kurze Leine. Die Autos können weiterfahren. Wir haben alle überlebt.

Fisch stinkt vom Kopf her, und der Hund ...?

Hundeparty am Grunewaldsee. Schon von Weitem hört Shiva aufgeregtes Gebelle und stürmt los. Ich hinterher. Am Badestrand ist die Hölle los. Eine Meute zankt sich um etwas Bleiches, Wabbeliges, das am Ufer liegt. Einige Hunde schnappen danach, Shiva wälzt sich darin herum. Andere machen es ihr nach. Frauchen und Herrchen brüllen verzweifelt, aber hilflos herum. Ich ahne Fürchterliches und behalte Recht. Es ist ein riesiger toter Fisch, der da, von Krähen zerfetzt, vor sich hin stinkt. Ich versuche Shiva mit Leckerlis von dem Monster wegzulocken. Vergeblich. Gegen einen toten Fisch kommt

das leckerste Leckerli nicht an. Ich muss sie wohl oder übel davon wegzerren. Nach zwanzig Minuten habe ich das geschafft und rieche genau wie Shiva.
Armes Frauchen. Ich glaube, die Fischstäbchen, die es heute Abend geben soll, bleiben in der Tiefkühltruhe.

Vom Allesfresser zum Gourmet

Als portugiesischer Straßenköter, der ich einmal war, bin ich, was Futter betrifft, ja so einiges gewohnt. In meiner Jugend habe ich sämtliche Reste und Abfälle, die die Menschen in meinem Dorf liegengelassen oder weggeworfen haben, runtergeschluckt. Da war ranziges Olivenöl dabei, Jahrhunderte alte Fischgräten, eben alles, was so ein Hundemagen vertragen kann. Hier in Berlin hat mich Herrchen natürlich verwöhnt.
Mit Barf, Markknochen, Würstchen, Leberwurst, mittelaltem Gouda, eben alles, was ein Hundemagen vertragen kann. Auch die anderen Hundehalter, die ich jeden Morgen im Grunewald treffe, meinen es gut mit mir. Ich brauche mich nur vor ihnen aufzubauen, den Kopf drehen - und schon habe ich ihnen den Kopf verdreht und die Leckerlis fliegen mir nur so zu. Aber heute Morgen habe ich zum ersten Mal ein Leckerli verweigert. Ja, ich habe es sogar wieder ausgespuckt. Herrchen war entsetzt und hat sich bei dem netten alten Herren vielmals entschuldigt. Der hat nur gegrinst und uns seine Tüte gezeigt, in dem die nach Nichts schmeckenden Leckerlis gelangweilt herumlagen. „Diätfutter" stand auf der Tüte. Alles klar? Das ist etwas, was mein Hundemagen nun gar nicht vertragen kann.

Konditionierung andersrum

Unfassbar. Vor einem Jahr noch mussten wir Shiva an die Schleppleine nehmen, wenn mal wieder ein wild gewordener Mountainbike-Raser auf seinem Abenteuer-Trip durch das Hundeauslaufgebiet jagte. Diese Typen mochte sie nicht. Vielleicht wegen der komischen Helme oder der merkwürdigen Sonnenbrillen, kann aber auch sein, dass es an den leckeren, strammen Waden lag und der Geschwindigkeit. Und was macht sie jetzt? Kaum rauschen sie heran, schaut sie uns an, wackelt mit dem Schwänzchen und stürmt los – in unsere Richtung. Dann setzt sie sich ganz brav vor unsere Füße und wartet auf ihre Belohnung. Konditionierung nennt man das. Oder von mir aus Verknüpfung. Jeder Radler bedeutet für sie jetzt Futter. Das wird eine teure Angelegenheit ... bei den vielen Mountainbike-Fahrern in Berlin.

Nesthäkchen

Auch Shivas Vorfahre war ein Wolf. Das sehe ich daran, dass sie ständig den Parkettfußboden aufkratzt, um sich ein Nest zu bauen. Irgendwann gibt sie auf und legt sich ins Bett. Aber heute sind wir bei den Schwiegereltern zu Besuch. Was für eine Freude! Shiva klaut der armen Katze nicht nur das Fressen, sie verwandelt mit ihren scharfen Krallen sämtliche antiquarischen Perserteppiche in Auslegware mit Streifenmuster. Mir ist das peinlich, mein Frauchen schämt sich auch, die Schwiegereltern schauen weg und Shiva hat endlich ihr Nest.

Hütehund oder hüte dich vor diesem Hund?

Wir machen Kurzurlaub an der Ostsee. Natürlich im Zelt, wie es sich für einen Naturburschen und seinen Hund gehört. Shiva schaut aber eher skeptisch rein, als ich versuche, die Stangen zu kreuzen, um mein Feriendomizil aufzurichten. Nach gut drei Stunden habe ich es schließlich geschafft und bitte Shiva höflich, einzutreten. Aber erst bei dem Befehl Tunnel wagt sie sich in die dunkle Höhle. Den Spruch kennt sie noch vom Agilitytraining, wenn sie durch eine Plastikröhre musste. Ich knipse die Taschenlampe an und mache es mir auf der Luftmatratze gemütlich. Shiva guckt derweil aus der Röhre und weicht nicht vom Eingang. Die ganze Nacht nicht. Kritisch beobachtet sie die Umgebung, bellt bei jedem kleinen Geraschel. Shiva ist ein toller Hütehund. Wenn sie nur nachts damit aufhören würde.

Ich, der Schäferhund

Ich liebe es, mit Herrchen morgens über den Deich zu hüpfen. Der Horizont ist weit, von hier oben kann ich alles prima kontrollieren.
Auf der einen Seite wird jede Ostseewelle begutachtet, auf der anderen Seite blöken die Schafe. Heute blöken sie besonders laut. Und ich entdecke auch ganz schnell den Grund. Ein Lämmchen hat sich durch eine Zaunlücke geschlängelt und steht jetzt auf dem Feldweg. Mutterseelenallein schreit es nach der Mama. Na, da bin ich aber so was von schnell zur Stelle. Als ob ich es im Blut hätte (habe ich wahrscheinlich auch), kreise ich das Lämmchen ein und treibe es wieder zurück zum Zaun. Das Gatter macht Herrchen auf, das kann ich noch nicht, das muss er mir noch beibringen.

Aber wenn ich so weitermache, wird aus mir noch ein richtiger Schäferhund.

iPhone-Terror

Endlich bin ich Eigentümer eines 3G iPhones. Das wichtigste daran sind die Klingeltöne. Ich versuche es mit dem Trillern. Keine zwei Sekunden später steht Shiva neben mir und wedelt mit dem Stummelschwanz. Das Trillern kennt sie aus der Hundeschule, danach gab es immer Leckerlis. Auch das Motorrad ist nicht schlecht – Shiva jagt wie verrückt den Flur rauf und runter. Am besten ist aber der weltberühmte Bell-Ton. Da kennt Shiva kein Halten mehr und bellt zurück. Ich lege das iPhone lieber wieder in die Schublade, mein altes Handy tut es auch.

Hinter dieser Zeitung steckt ein kluger Kopf

Frauchen meint ernsthaft, ich wäre zu dick. Und das läge nur daran, weil das dumme Herrchen mir ständig Wurstzipfel, Käserinden, Krabbensalatreste und Nudeln mit Tomatensoße zukommen lässt. Keine Ahnung, woher sie das weiß, und ich finde Herrchen auch nicht doof, sondern äußerst spendabel. Auf jeden Fall hat er Stress und Fütterverbot bekommen, zumindest, bis der Frühstückstisch abgeräumt ist. Traurig schaue ich Herrchen an, lege meinen Kopf auf sein Knie und blinzele ein paar Mal. Ich weiß ja, wie ich ihn rumkriegen kann. Herrchen bekommt weiche Knie, schnappt sich seine Zeitung und baut sie vor sich auf, so dass Frauchen nicht merkt, wie mir die Essensreste ins Maul fliegen. Heimlich schmeckt noch besser. Aber von wegen, Frauchen hat leider alles gesehen und macht Rabatz. Sie muss ein paar Löcher in die Zeitung gebohrt haben. Auf jeden Fall bekommt Herrchen seine Zeitung ab sofort erst nach dem Frühstück. Aber dem Dicken wird schon was einfallen, wie er seine Prinzessin satt und glücklich macht.

Wenn der Kater hängt

Großalarm im Hause Böhm. Pauli, unser kleiner Dödel-Kater, hat mal wieder Mist gebaut. Nachdem er sich schon in einer Plastiktüte verfangen hat, mit meinen schweren Wanderstiefeln an den Hinterpfoten die Tapete hochgekratzt ist, hat er sich nun eine quietschende Plüschmaus ums Bein gewickelt. Flitzt, als wenn der Teufel hinter ihm her wäre, durch die Wohnung, über die Möbel, den Flachbildschirm hoch, auf der PC-Tastatur entlang. Und Shiva aufgeregt bellend hinter ihm her.
Obwohl der Kleine sehr schnell ist, kriegt ihn meine Hündin.

Im Flur stellt sie Pauli, ich kann ihn im Nacken greifen und ihm das Band abschneiden. Shiva ist die beste Katzenmutter.

Ein Männlein steht im Walde

Wenn ich mit Shiva in den Grunewald ab-tauche, meckert sie gerne herum, einfach nur so, in die nasse Luft hinein. Um ihr das abzugewöhnen, muss ich mich zum Kasper machen. Deeskalationsstrategie nennt man das.

Erste Phase: Sie kommt an die Schleppleine. Will sie losrennen, trete ich daneben, sie rennt weg, ich verfange mich in der Leine und lande in der Pfütze – meine irritierte Hündin kommt brav zurück.

Zweite Phase: Ich verstecke mich und Shiva muss mich suchen. Da sie das nicht macht, steht das Männlein im Walde still und stumm, stundenlang – bis es Shiva dann doch zu einsam ist.

Dritte Phase: Ich sammele ein ganzes Bündel Äste, werfe die Stöckchen in alle Richtungen und treffe diverse andere Hundehalter.
Jetzt brauche ICH eine Deeskalationsstrategie.

Heißes Herrchen

Der Alte ist fertig. Diese Hitze macht ihm zu schaffen, obwohl er drei Jahre in Portugal gelebt hat, und dort war es noch um einiges heißer. Ich weiß mir zu helfen. Mit heraushängender Zunge streife ich beim Gassi gehen an den Häuserwänden entlang und bleibe so, im Gegensatz zu Herrchen, im Schatten. Für die Menschen, die in der prallen Hitze ihre Haut grillen, habe ich kein Verständnis. Jeder Baum, jeder Busch ist meiner. Ein kleines Päuschen bitte, dann ein paar Schritte weiter.

Im Grunewald stürze ich sofort in den See und bleibe dort mindestens vierzig Minuten im kühlen Wasser, während Herrchen am Strand der Schweiß in die Augen läuft. Zu Hause lege ich mich flach auf die Fliesen, dort ist es am kühlsten. Auch meine Katzen sind platt am Boden. Das arme Herrchen sollte sich einfach mal dazulegen. Von Hunden lernen, heißt, für das Leben lernen.

Verstand verloren

Soll einer mal sagen, ich hätte, was meine Hündin betrifft, den Verstand verloren. Aber sie sieht doch einfach toll aus – in ihrem neuen Geschirr. Hellblau steht ihr wunderbar. Es ist aus Neopren, so dass die Arme nach dem Bad nicht frieren muss. Die Leiste ist bestickt: modernes Blümchenmuster. Trendy sozusagen. Die Karabinerhaken sind rostfrei. Das Ganze mit einem Extragriff versehen, falls ich Shiva mal als Handtasche verwenden will. Habe ich im Internet bestellt und 45 Euro dafür bezahlt. Aber das verrate ich nicht. Sonst denken die anderen, ich hätte meinen Verstand verloren, was meine Hündin betrifft.

Belohnung!

Hunde funktionieren über Belohnung. Das ist bei meiner Hündin besonders ausgeprägt. Jeden Morgen macht sie vor meiner Lieblings-Dönerbude den Gehweg sauber. Herrlich gewürztes Fleisch, Zwiebeln, Fladenbrot und grüner Salat. Nur die Tomaten lässt sie liegen. Trotzdem, der nette Herr am Spieß winkt uns jeden Morgen freundlich zu. Und heute hat er was ganz Besonderes für Shiva: eine Riesenportion Kebab, eingewickelt in Alufolie – für zu Hause. Das nenne ich Nachbarschaftshilfe! Shiva weicht mir nicht von der Seite, hat nur noch Augen für meine Tasche. Ich weiß, morgen wird der Gehsteig noch sauberer sein als sonst.

Der Wasserträger

Es ist jetzt morgens so heiß, dass Herrchen einen Eimer Wasser mitschleppt, wenn wir Gassi gehen. Ist eine nette Geste. Da hänge ich gerne mal die Zunge raus und hechele herum. Nur, damit Herrchen was zu tun hat. Alle paar Meter kühlt er mir die Pfoten mit einem feuchten Tuch und reicht Wasser zum Trinken. Wenn noch etwas übrig bleibt, begießt er damit die armen Bäume. Dabei helfe ich ihm gerne, auch ich habe immer etwas abzugeben. Nach zehn Minuten habe ich aber genug und will wieder in die kühle Wohnung. Das muss dann ganz schnell gehen, also zerre ich Herrchen an der Leine und treibe ihn zum Laufen an. Wenn dann sein Kreislauf nörgelt und er droht, zusammenzubrechen, mache ich eine kurze Pause. Er hechelt und ihm hängt die Zunge heraus. Selber schuld, er hätte doch besser mehr Wasser mitgenommen.

Weckdienst

Unsere Tiere haben eingebaute Uhren.
Jeden Nachmittag um 16.26 Uhr ruft das Futter.
Also krieche ich aus meinem Versteck und gehe in die Küche. Shiva, Mini und Pauli wie die Kamele in einer Karawane hinter mir her. Doch heute fehlt der Kater. So geht das nicht, denkt Shiva, und macht sich auf die Suche nach Pauli. Unter dem Bett wird sie fündig. Genervt weckt sie den Kleinen und treibt ihn mit der Schnauze zum Futternapf. Schlaue Hündin. Sie weiß, dass sie erst nach den Katzen ihren frischen Pansen kriegt.

Radler

Wir machen einen Ausflug an den Scharmützelsee. Frauchen meint, Shiva müsste mal was anderes erleben, als jeden Tag um den Grunewaldsee zu eiern und ständig irgendwelchen Hunden „Guten Tag" zu sagen. Wir leihen uns Fahrräder und spurten los. Shiva immer an unserer Seite. Es ist heiß und mir hängt bald die Zunge aus dem Hals. Alle drei Kilometer machen wir Pause, tränken unsere Hündin und stillen unseren Durst. Nach sechs Stunden und dreißig Kilometern sind wir einmal um den See herum und völlig am Ende. Frauchen und ich. Shiva nicht. Die schaut uns erwartungsvoll an. Sie könnte noch eine Runde verkraften. Wir haben unsere Hündin mal wieder unterschätzt.

Wer kann Schwimmen spielen?

Mein neuer Freund heißt Möhre. Eine lustige Mischung aus Pudel und Parmesankäse und wasserscheu wie ein Stubentiger. Wenn der mit den Pfoten im See steht, jault er schon. Aber Möhre hat ein tapferes Herrchen. Der stürzt sich tatsächlich in die Fluten des Grunewaldsees und lockt seinen Hund mit Leckerlis ins Wasser. Damit Möhre nicht untergeht, wenn er den Boden unter den Füßen verliert, hat sein Herrchen ihm zwei Schwimmflügel umgebunden. Die sehen vielleicht lustig aus. Knallrot sind die, so richtig zum Reinbeißen. Als Möhre vorsichtig damit ins Wasser tapert, schleiche ich mich von hinten an und schnappe zu. Es macht „Plopp", und die Luft ist raus aus den Schwimmflügeln. Ich hole mir das Leckerli und Möhre ist so sauer, dass er hinter mir her schwimmt. So geht es doch auch, liebe Zweibeiner!

Rudelführer Drahtesel

Das Radeln macht mir und Shiva richtig Spaß. Wenn keine anderen Radfahrer unterwegs sind! Wir können froh sein, dass wir lebendig im Grunewald ankommen. Ständig wird Shiva angepöbelt, bespuckt und sogar getreten. Nur weil wir auf den Wilmersdorfer Radwegen mit den Kettengang-Schumis nicht mithalten können und ihnen ein Hindernis sind. Shiva ist irritiert, überlässt aber mir die Gegenangriffe. Ich habe das Gefühl, seitdem ich auf dem Sattel sitze, habe ich vor meiner Hündin an Autorität gewonnen. Vielleicht liegt es daran, dass ich jetzt ihr Tempo mithalten und es im siebten Gang sogar bestimmen kann. Shiva muss nun sehen, wo sie bleibt, wenn ich in die Pedale trete, und ich muss sie nicht mehr suchen. Dafür falle ich in den Sand, während Shiva ausgelassen mit den anderen Hunden spielt.

Bella Italia

Was habe ich mich auf den Italiener gefreut. Endlich mal Spaghetti auf dem Teller. Zu Hause gibt es jeden Tag ja nur Tagliatelle. Und Shiva darf auch mit, die Italiener sind eben locker. Ganz brav legt sie sich unter den Tisch, aber ich binde sie vorsichtshalber mit der Leine an einem Tischbein an. Das Brot kommt, der kühle Weißwein gleich danach. Und eine französische Bulldogge hinterher. Ein Rüde. Ein prächtiger Kerl. Das findet Shiva auch. Freudig springt sie auf und stürzt auf ihn zu. Der Tisch geht mit. Stühle rücken, Gläser kippen um, Brot fliegt durch die Luft, der Kellner flucht. Die Nudeln werden kalt. Zahlen, bitte! Zu Hause haben wir ja noch eine Packung Makkaroni.

Funkverkehr

Unsere Wohnung ist groß, vor allem der Flur zieht sich in die Länge. Da es in der Vergangenheit leider immer wieder zu Kommunikationsproblemen gekommen ist, habe ich jetzt zwei Walkie-Talkies gekauft. Von wegen: „Sind die Nudeln endlich fertig, over?" Es knackt und piept jetzt zwischen Wohnzimmer und Büro. Und dazwischen eine völlig aufgelöste Shiva. Sie versteht die Welt nicht mehr. Rennt den Flur auf und ab, wenn ich mich über Funk mit Frauchen unterhalte. Meine Hündin ist fast so schnell wie die Funkübertragung. Wenn die Batterien von den Geräten leer sind, werde ich sie als Datenträger einsetzen.

Fiese Nummer

Meine Hündin hat eine neue Nummer drauf. Aber eine ganz miese. Das hat sie zum ersten Mal bei den Krähen ausprobiert. Ein kurzes scharfes Wäff, und die

Vögel lassen vor Schreck ihre Brötchenkrümel fallen. Jetzt sind unseren Katzen dran. Wenn die anfangen zu fressen, schleicht Shiva sich von hinten an und macht auf ihre Art „Buh!". Die Katzen türmen und Shiva kann sich in Ruhe über deren Futter her machen. Im Grunewald dasselbe Spiel. Wenn ein Hund an ihr vorbei läuft und stolz sein Stöckchen oder Bällchen quer im Maul trägt, zieht sie dieselbe Show ab. Ich lach mich schlapp – bis sie mich von hinten anbuht und mir die Erbsen von der Gabel fallen.

Fressfeinde

Jetzt reicht's! Bislang musste ich ja nur mit anderen Hunden um Leckerlis kämpfen, aber heute wurde ich von unheimlichen Seemonstern angegriffen. Ich springe, wie immer, ins Wasser, wenn Herrchen ein Leckerli hineinwirft. Das freut ihn, weil er denkt, ich kann schwimmen, und es freut mich, weil ich was zum Knabbern kriege. Aber plötzlich knabbert etwas an meinem Bein herum. Unter Wasser, so dass ich das nicht sehen kann. Es kitzelt nur, macht mich aber dennoch nervös. Ich springe an Land und schaue mir das Elend vom Trockenen aus an. Tatsächlich taucht ein Fischmaul auf und zieht meine Beute in die Tiefe. Doch damit nicht genug, beim nächsten Sprung ins kalte Wasser paddeln plötzlich zwei Enten heran und schnappen sich mein Leckerli. Ich gehe nicht mehr in den See! Soll Herrchen die nächsten Leckerlis in eine Pfütze schmeißen.

Komm unter meinen Regenschirm

Es regnet, die Erde wird nass. Und ich natürlich auch. Im Grunewald stehen zwar genügend Bäume,

aber der Schauer ist so stark, dass der Regen durch das Blätterdach knallt. Shiva findet das auch überhaupt nicht lustig, schüttelt sich und sucht ein trockenes Plätzchen. Aus Mangel an Alternativen verkriecht sie sich zwischen meinen Beinen. So bleibt wenigstens ihre Schnauze trocken. Aber es wird immer schlimmer, ich habe das Gefühl, der Himmel fällt mir auf den Kopf. Shiva ist jetzt sichtlich genervt, fängt an zu meckern. Ich habe verstanden, ziehe meine Jacke aus und lege sie über ihren Rücken. Jetzt können wir um die Wette zum Auto zurücklaufen.

In fremden Gefilden

Shiva muss mal raus. Aber ausnahmsweise nicht in den Grunewald. Dort kennen wir mittlerweile jeden Ast, von den tausend anderen Hunden ganz zu schweigen. Sie genießt es, durch unbekannte Gegenden zu streifen. Der Kuraufenthalt in Marienfelde zeigt eine ganz andere Hündin. Brav geht sie bei Fuß, wenn ich die Richtung wechsele, bleibt sie an meiner Seite. Kreuzt ein fremder Hund den Weg, sagt sie artig Guten Tag. Was für eine tolle Hündin!
Bis zu dem Moment, als uns jemand von hinten anspricht und behauptet, meine Hündin wäre doch DIE berühmteste Hündin Berlins, die Shiva. Das war's dann. Jetzt benimmt sich Madam wieder wie eine Königin und läuft mit stolzgeschwellter Brust von dannen.

Das letzte Wort

Wenn Shiva hinten im Auto sitzt und ich ohne sie aussteigen will, fängt sie an zu meckern. Dieses empörte Bellen hat eine ganz eigene Klangfarbe und geht durch Mark und Bein. Ich drehe mich dann um, öffne die Wagentür und bitte sie höflich, die Schnauze zu halten. Das macht sie auch. Bis ich mich wieder ein paar Meter entfernt habe. Das Spiel geht so lange, bis ich genervt weiterfahre – ohne meinen Einkauf. Im Rückspiegel sehe ich dann eine grinsende Hündin. Aber das kann Einbildung sein. Zu Hause schenkt sie mir noch ein kurzes, fröhliches Wöff. Madam muss immer das letzte Wort haben.

Bettgeflüster

Nach dem kleinen Spaziergang am Morgen geht es mir so richtig gut. Ich bin erleichtert und super drauf. Ich verstehe überhaupt nicht, warum sich Herrchen dann wieder ins Bett legen, Kaffee trinken und seine langweilige Zeitung lesen muss. Aber was soll's, ich lege mich einfach dazu und ärgere ihn ein wenig. So richtig sauer wird er, wenn ich mich auf seinem geliebten Sportteil breitmache. Hertha wird sowieso nie Meister.
Meine Kumpels machen mit. Kater Oskar krallt sich die Mittelseite und zerfetzt das Fernsehprogramm, Katze Mini beißt sich in der Tierseite fest. Herrchen stöhnt, verkriecht sich hinter dem Lokalteil. Aber nicht lange. Uns wird nämlich langweilig, wir spielen „Fang mich" über das ganze Bett, rauf aufs Kopfkissen, rein in die Decke, runter vom Bett und alles wieder von vorne. Das geht so lange, bis Herrchen jammernd unser schönes Schlachtfeld verlässt und schwört, dass er uns zum Mittagsschlaf alle in die Kammer sperrt. Dahin muss er uns aber erst mal kriegen.

Konkurrenz am Imbiss

Vor Shivas Lieblingsrestaurant, dem Döner-Grill an der Ecke, haben sich mehrere Jugendliche breitgemacht und wedeln mit vollen Bierflaschen herum. Dabei versperren sie meiner Hündin den Weg ins Paradies. Normalerweise hat Shiva mit Betrunkenen keine Probleme, sie geht ihnen, wie ihr Herrchen auch, aus dem Weg. Aber jetzt bahnt sie sich einen Weg durch die Menschenmasse. Mir bleibt nichts übrig, als ihr zu folgen. Die ersten Jugendlichen fangen an zu meckern. Erst als der Mann am Grill den Leuten den Nachschub verweigert, machen sie nörgelnd Platz und Shiva darf sich wieder satt fressen.

Street View, die Hundevariante

Deutschland regt sich über die mit Kameras bestückten Autos auf, die alles filmen, was sich nicht schnell genug unter einer Tarnkappe versteckt. Shiva und ich sind schlimmer. Bei Shiva geht es um Sekundenbruchteile. Wer zuerst den Feind entdeckt, darf bellen. Ich mache die Haustür auf, Shiva versucht, zwischen meinen Beinen eine Lücke zu finden, um vor mir die Straße zu scannen. Ich bin mittlerweile mit zwei Taschenlampen bewaffnet und schicke die Strahlen wie Blitze durch die Dunkelheit. Meistens ist um diese Uhrzeit noch kein anderer Hund unterwegs. Egal, irgendwas werden wir schon finden, was wir anbellen können. Und wenn es eine Krähe ist.

Monsterparty

Der Schrecken geht um im Wald. Er ist blauschwarz, hat Blut unterlaufende Augen, angespitzte Ohren, ist fast so groß wie ein Panzernashorn und hat mächtige Zähne. Wunderbar. Wenn dieses Monster durch die Bäume bricht, verstecken sich die Pitbulls in Frauchens Handtasche, krabbeln die Doggen auf die Bäume. „Tyson" heißt der Rüde, eine Mischung aus Molosser und Betonmischmaschine. Ich finde den Kerl klasse – zu Herrchens Entsetzen. So was muss ich natürlich gleich zum Spielen auffordern. Ich muss mich dabei zwar zum Obst machen, bis der sich mal in Bewegung setzt, aber dann hilft nur noch Beten. Herrchen geht freiwillig in den See und Tysons Frauchen versteckt sich im Gebüsch. Ich amüsiere mich derweil königlich, bin ja auch viel schneller und beweglicher als diese brummende Abrissbirne. Nach nur fünf Minuten macht der Dicke schlapp, ist völlig außer Atem. Herrchen darf wieder aus dem Wasser und will mit mir morgen nach Hannover fahren, um dort mit mir Gassi zu gehen ...

Verfolgungswahn

Manchmal leidet Shiva unter Verfolgungs-wahn. Wenn ich mit ihr nachmittags durch den Kiez laufe, sind auch andere Hunde unterwegs. Halten die genügend Abstand, macht Shiva keine Fisimatenten. Heften die sich aber an ihre Fersen, wird es unangenehm. Ständig dreht Shiva den Kopf und behält ihre Artgenossen im Blick. Auch ich verrenke mich dabei, ich muss ja schließlich meine Hündin unter Kontrolle behalten. Wenn es ganz hart kommt, und zwei Hunde sitzen uns im Nacken, tänzeln wir von einer Seite zur anderen.

Die Leute, wenn sie uns noch rechtzeitig ausweichen können, lachen schon über uns. Morgen gehe ich mit Shiva zum Ballettunterricht.

Hühnersuppe

Heute koche ich eine leckere Hühnersuppe. Obwohl ich meine Suppe am liebsten alleine auslöffele, ist sie diesmal für Shiva. Ich schöpfe die Brühe ab und gieße sie in eine leere Spritzflasche. Die Hühnchenteile packe ich in Alufolie, und ab geht es in den Wald. Shiva muss Sitz machen, während ich mit der Hühnerbrühe im Unterholz eine Spur spritze. Zum Schluss verstecke ich ein Stück Fleisch unter einigen Blättern. Das nennt man Nasenarbeit. Habe ich im Fernsehen gesehen.
Shiva geht los wie Schmidts Katze, hängt ihre Nase überall rein und kommt dem wunderbaren Hühnchenfleisch gefährlich nahe. Aber ich bin schneller. So einen Leckerbissen lasse ich mir doch nicht wegschnappen!

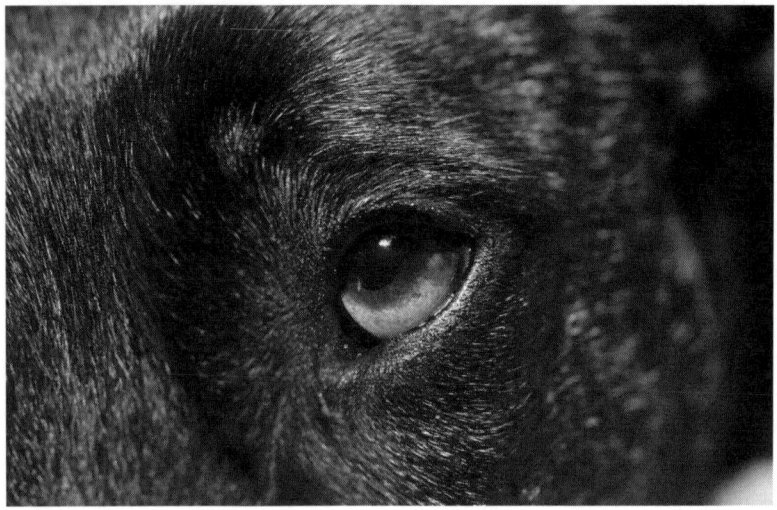

Fliegende Dackel

Shiva und ich machen einen Ausflug nach Lichtenrade. Auf der Dackelranch läuft ein spannendes Rennen. Meine Hündin ist auch schon ganz aufgeregt, und als sie die vielen kurzbeinigen Flitzer sieht, kriegt sie sich gar nicht mehr ein vor Freude. Sie liebt Dackel. Die sind frech, mutig, quatschen viel und Shiva kann einfach über sie hinweg steigen, wenn es ihr zu viel wird. Mit einem fröhlichen Kläff-Kläff spornt sie die vierbeinigen Sportler an. Noch interessanter sind die leckeren Würste, die nach der Zielgeraden warten. Blitzschnell reißt sie sich von der Leine und zeigt den Dackeln mal, wie der Hase läuft. Doch egal, wie klein sie sich macht, sie fällt auf und wird disqualifiziert. Zum Glück gibt es ja noch Herrchen und den Bratwurststand.

Neben der Kappe

Ich bin heute Morgen neben der Kappe, wanke mit Shiva durch die Gassen. Erst als mich eine alte Bekannte anspricht, werde ich wach. Wir plauschen eine Weile, Shiva schnüffelt die Gegend ab, ich achte nicht so genau auf sie. Nach einigen Minuten angeregten Unterhaltens schreit mir plötzlich jemand von hinten ins Ohr. Der Blumenhändler ist total aus dem Häuschen. Shiva hat sich über die Pflanzen, die er dekorativ vor seinem Laden platziert hat, hergemacht und knabbert nun genüsslich an frischem Grün und bunten Blumen.
Den Schaden muss ich bezahlen!
Hatte ich es schon erwähnt? Shiva kommt mich teuer zu stehen. Aber man gönnt sich ja sonst nichts.

Wer wird hier konditioniert?

Armes Herrchen. Da hat er geglaubt, er hätte mich wieder in die Tasche gesteckt. Nur weil ich jetzt angedackelt komme, wenn ein Radfahrer an uns vorbei rast. Ok, früher hat es mir wirklich Spaß gemacht, diese Typen durch den Wald zu jagen. Gestellt habe ich sie alle, aber es war auch sehr anstrengend. Jetzt bekomme ich ein Leckerli, wenn ein Radfahrer auch nur in der Nähe ist. Herrchen meint, so hätte er mir das abgewöhnt. Konditionierung nennt er das. Soll er doch. Aber heute Morgen hat er wirklich Pech. Wir sind in der Stadt unterwegs, und auf dem Boulevard läuft ein Radrennen. Das Herrchen ist noch nie so schnell Leckerlis losgeworden wie jetzt. Nach 20 Minuten ist seine Wundertüte mit Würstchen, Schinken und Käsehappen leer und er muss in den Supermarkt, Nachschub besorgen.
Als das Radrennen zu Ende ist, muss mich Herrchen nach Hause tragen. Mein Bauch tut so weh.

Sind Leckerlis gut fürs Hundetraining?

Wir treffen nach langer Zeit mal wieder Shivas Ballkumpel Gonzo. Das wird ein Rennen!
Gonzos Herrchen muss mal Speerwerfer gewesen sein. Der Ball fliegt nur so durch den Himmel, aber Shiva und Gonzo sind fast genauso schnell.
Aber irgendwas stimmt heute mit ihrem Kumpel nicht. Ständig kann Shiva ihm den Ball abknöpfen, das wäre sonst ein Ding der Unmöglichkeit. Vielleicht hat Gonzo zu viel gefrühstückt? Sein Herrchen hat genügend Leckerlis in der Tasche, mit denen er Shiva den Ball wieder abluchst. Doch Shiva ist schlau. Sie klaut den Ball jetzt immer schneller. So viel zum Hundetraining mit Leckerlis.

Kleine Hosenscheißer

Der Angriff kommt überraschend und ich hänge an der Leine. Das mag ich überhaupt nicht, da werde ich ganz schnell nervös und richtig böse. Drei tiefgelagerte Hündchen stürzen auf mich zu und riskieren eine dicke Lippe. Einer von den Hosenscheißern wagt sogar einen Scheinangriff. Klar, dass ich zurückpöbele. Da die Halunken aber merken, dass ich mich nicht so richtig von der Stelle bewegen kann, werden sie immer dreister. Sie scheinen nicht zu wissen, dass Herrchen auf meiner Seite ist und ganz schnell die Leine loslassen kann. Zum Abmachen bleibt keine Zeit. Ich jage mit der Leine den kleinen Strolchen hinterher, quer durch den Wald. Macht das vielleicht Spaß. Nach zwanzig Minuten kommen wir zurück – mittlerweile sind wir die besten Kumpels. Hunde sind eben nicht nachtragend. Aber Herrchen? Zumindest ist er schlecht gelaunt, weil seine tolle Leine jetzt zerfetzt ist ...

Shiva-Star

Im Grunewald ist meine Hündin ja inzwischen eine Berühmtheit, auch in meinem Bezirk kennt sie fast jeder. Und heute Morgen beim Döner Train, wo sie ihre tägliche Kebab-Ration abholt, wird sie sogar fotografiert. Die netten Herren am Grill wollen bei sich im Imbiss das Bild in den nächsten Tagen aufhängen. Shiva schwillt die Brust vor Stolz. Aber für diese Ehre muss sie auch etwas tun: Türkisch lernen. Dafür kriege ich einen Zettel mit. Uzan und Otur steht drauf. Das heißt Platz und Sitz. Im Grunewald wird fleißig geübt. Aber erst als ich ein paar Kebabstücke aus der Reserve ziehe, folgt sie den neuen Befehlen. Morgen früh gibt es die Vorstellung.

Kommt ein Vogel gestolpert

Shiva ist zwar keine Jagdhündin, aber sie läuft gerne hinter kleinen Lebewesen wie Eichhörnchen, Ratten, Kaninchen und Krähen her. Nur so zum Spaß, nur um sich sportlich zu messen. Amsel, Drossel, Fink und Star, die ganze Vogelschar, die uns morgens im Park begrüßt, mag sie besonders. Die hüpfen munter ein paar Schritte über den Rasen, bis Shiva nah genug heran ist, und flattern dann davon. Aber heute bleibt eine Amsel einfach liegen. Shiva berührt sie mit ihrer Schnauze und fängt an zu fiepen. Die Amsel ist verletzt, kann nicht mehr fliegen. Shiva schaut mich groß an. Ich rufe Frauchen an, die bringt den Vogel zum Tierarzt.
Danke Shiva.

Rudel-Loser

Herrchen ist ja so was von rammdösig. Er kriegt überhaupt nicht mit, dass ich beim morgendlichen Gassi gehen die Führung übernommen habe. An der grünen Ampel bleibe ich einfach stehen, weil es mir Spaß macht, während Herrchen in die Luft guckt. Ein Verlierer, ein echter Rudel-Loser.
Will er nach links, ziehe ich ihn nach rechts. Möchte er in den Park, treibe ich ihn zurück auf die Hauptstraße. Um diese Zeit reagiert er einfach noch nicht. Vielleicht ist es ihm aber auch egal, wohin die Reise geht. Nur Frauchen ist entsetzt, beschimpft uns vom Balkon aus und meint, Herrchen müsste sich mal wieder durchsetzen, ansonsten käme er in die Hundeschule. Aber Herrchen hat eine andere Idee.
Ab sofort darf Frauchen mit mir morgens raus.

Was für eine Pfeife

Ich habe meine Hundepfeife verloren. Ohne Pfeife kann ich nicht leben. Schon gar nicht mit Shiva an meiner Seite. Die Pfeife brauche ich, wenn ich sie mal wieder aus einem Schlamassel herausholen muss, sie irgendwo herumtollt, wo ich sie nicht sehen kann. Der hochfrequente Ton liegt ihr, sie weiß: jetzt gibt es ein Leckerli, und kommt. Ohne Pfeife bin ich ein Nichts. Wenn ich mir die Finger in den Hals stecke, wird mir schlecht, wenn ich versuche, durch die Zähne zu pusten, flattern die Implantate durch den Rachen. Also ab in den nächsten Zubehörladen und Pfeifen testen.
Kundschaft und Verkaufspersonal sind sichtlich genervt, um mich herum haben sich sämtliche Hunde dieser Erde versammelt. Bei der letzten Pfeife gesellt sich auch meine Hündin dazu. Die nehme ich.

Nasse Pfoten, wie schrecklich

Was für ein Drama! Es hat geregnet, Shiva lässt sich heute Morgen nur widerwillig durch den Park schleifen.
Sie lässt den Kopf hängen, schnuppert nicht mal. Ich verstehe das nicht. Im Grunewald springt sie fröhlich in den See, aber jetzt, wo hier alles nass ist, macht sie einen auf empfindlich. Ich schleppe sie zur Wiese, auf der sie sich normalerweise so gerne herumwälzt. Doch als ihre Pfoten zum ersten Mal das nasse Gras berühren, zuckt sie zurück und will sofort wieder nach Hause. Im Tippelschritt läuft sie über den Asphalt. Heute Nachmittag kaufe ich ihr Gummistiefel.

Auf Rattenjagd

Wir haben morgens ja schon sehr viele merkwürdige Vögel erlebt, aber heute huscht uns eine Ratte über den Weg. Da kennt Shiva keine Gnade. In Sekundenbruchteilen verwandelt sie sich in einen Wolf, reißt mir die Leine aus der Hand und stürzt dem Nager hinterher. Das ist ein Rennen auf Leben und Tod. Shiva schäumt vor Wut, die Ratte quiekt vor Angst. Aber sie ist schneller als meine Hündin, verschwindet in einem Kellerloch, das durch ein Gitter gesichert ist. Verzweifelt versucht Shiva, dieses mit den Krallen zu öffnen. Vergeblich. Also hockt sie sich davor und wartet. Ich hole sie nächste Woche wieder ab.

Herrchens Einfluss

Menschen sind Gewohnheitstiere. Das gilt besonders für Herrchen. Ohne Uhr wäre er ein nichts, alles muss geregelt und geordnet ablaufen. Wie langweilig! Aber ich habe mich als Hund halt anpassen müssen. Morgens um 7.45 Uhr werfe ich meine Schmusedecke ab, springe aus dem Bett und lege mich quer in die Küche. Damit Herrchen weiß, ich bin wach und eigentlich schon bereit zum Gassi gehen. Außerdem fällt Herrchen regelmäßig über mich, und dabei immer ein kleine Stückchen Wurst für mich ab. Wenig später geht es in den Flur, mein Kopf liegt jetzt schon Richtung Ausgang. Wenn Herrchen zum Schuhschrank geht, fange ich an zu tanzen, wedele mit dem Schanz und stupse ihn an. Das findet er toll und beeilt sich. Natürlich hat Herrchen bis heute nicht mitgekriegt, dass ich mit der Prozedur jeden Tag ein wenig früher anfange. Menschen sind halt leicht zu beeinflussen.

Neue Nachbarn

Wir haben eine neue Nachbarin. Sie hat sich Shiva noch nicht vorgestellt. Als ich für sie, Katze Mini und Kater Pauli auf unserem Rennflur eine paar Flummibälle durch die Gegend donnere und die drei wie beknallt durch die Gegend heizen, klingelt sie an unserer Haustür und beschwert sich lautstark über den Lärm. Shiva und ich sind beleidigt. Ich hoffe, das nächste Mal hat sie als Wiedergutmachung ein paar Leckerlis für uns dabei.

Hundekumpels

Shiva und Leon sind die besten Kumpels. Beide sind von gleicher Statur, schnell und frech. Wie beim American Football rempeln sie sich beim Laufen an, ohne den anderen aus der Bahn zu werfen. Sie sind unzertrennlich – wehe dem Hund, der zwischen sie gerät. Wird Shiva von einem Rüden belästigt, geht Leon dazwischen, wird er bedrängt, schiebt meine Hündin den Störenfried beiseite. Nach gut einer Stunde sind beide fix und fertig und fangen an zu kuscheln. Eine echt tierische Freundschaft.

Wir sind ein Rudel!

Irgendein Heini hat am Ventil am Hinterrad meines Fahrrads herumgedreht. Auf jeden Fall stehe ich mitten im Grunewald auf dem Schlauch und darf schieben.
Frauchen radelt derweil fröhlich weiter und Shiva folgt ihr, aber nur bis zur nächsten Ecke. Das Rudel muss zusammenbleiben! Sie läuft ein Stück auf mich zu, fordert mich bellend auf, Gas zu geben.

So rennt sie immer hin und her, bis wir wieder vereint sind. Toll, dank Shiva geht hier keiner verloren.

Ball-Klatsche

Herrchen hat mal wieder Ärger am Grunewaldsee. Nur, weil ich keine Lust habe, seine blöden Bälle aus dem See zu fischen. Kann er doch selber machen. Mir macht es viel mehr Spaß, anderen Hunden ihre Bälle zu klauen. Die sind immer so fixiert auf die Beute, dass sie es erst mitkriegen, wenn ich hinter ihnen stehe und sie in den Po kneife. Dann lassen sie vor Schreck den Ball fallen und ich kann ihn mir schnappen. Ein herrliches Spiel. Aber nicht für Herrchen. Der wird beschimpft, er solle gefälligst die Bälle wieder hergeben. Einen habe ich so gut verbuddelt, dass nicht mal ich ihn wieder finde.
Während ich mit den anderen Hunden fröhlich auf die Suche gehe, verlangt der Hundehalter Ersatz, droht mit Anwalt und Polizei. Erst als Herrchen ein Quietsche-Entchen aus der Tasche zückt, beruhigt sich der Typ wieder.
Die haben doch alle eine Ball-Klatsche.

Der Ball der Hunde

Drei Jahre lang habe ich versucht, Shiva das Bällchen bringen zu lehren. Vergeblich. Immer wieder aufs Neue hat mich meine Hündin ausgetrickst und ist mit ihrer Beute davongerannt. Und was müssen meine vor Verzweiflung getrübten Augen heute sehen? Da kommt die Leckerli-Kerstin an, wirft einen Ball, quietscht ein paar Mal laut in den Wald – und Shiva kommt mit dem Ball im Maul angewackelt, legt ihn brav vor Kerstins

Füße und kassiert eine halbe Tonne Leckerlis. Das funktioniert nicht nur ein Mal, sondern hundert Mal. Zugegeben, Kerstin macht sich dabei zum Obst, hampelt und quietscht wie von einer Hornisse gestochen. Das Abendbrot fällt für Shiva aus.

Das tut weh!

Frauchen hat mal wieder mit Shiva und Möhre, ihrem kleinen Freund, getobt. Jetzt sind sie alle außer Atem und ich muss ran. Ich schnappe mir einen großen Ast und werfe ihn direkt an Frauchens Schienbein. Die Arme kippt um und schreit vor Schmerzen. Shiva eilt zu ihr hin und leckt ihr das Gesicht. Ich muss Frauchen zum Auto tragen, meine Hündin bewacht den Krankentransport, jagt selbst Möhre zum Teufel und verbellt alle anderen Vierbeiner. Frauchens Bein schwillt an, wird lila, blau, gelb und rot. Eine einzige Farbenpracht. Sie liegt auf dem Sofa, ich muss ihr Bein kühlen und ihr Tee bringen, Shiva passt auf. Der gesamte Haushalt lastet auf meinen Schultern. Morgen haue ich mir einen Ast auf den Kopf.

Platz da!

Unser Kühlschrank ist recht groß. Es passt das Gemüse für Frauchen rein, ich kann mein Bier kühlen und die Eier bleiben auch frisch. 75 Prozent des Kühlschranks haben unsere Tiere belegt, allen voran Shiva. Im untersten Fach wartet das Dosenfutter, darüber ruhen die kleingeschnittenen Wiener Würstchen. Noch weiter oben sind die Kebabfetzen eingelagert. Das ist natürlich nicht alles: Das Gefrierfach ist vollgestopft mit Frischfleisch und Gemüse-Obst-Brei. In der Speisekammer wird's eng:

Da müssen um die 20 Kilo Säcke Leckerlis rein, die es im Sonderangebot gab. Meine Leberwurst findet nur noch Platz im Hundekörbchen.

Traumhund

Shiva hat eine neue Freundin. Einen Traum von einer Hündin. Sie ist das Maskottchen des Trödelladens gegenüber. Hockt die ganze Zeit vor der Tür, bellt nicht, rennt nicht herum und ist immer und zu allen gleich freundlich. Shiva ist von ihr begeistert, beschnüffelt sie jedes Mal neugierig, legt sich neben sie und wartet, was der Tag so alles bringt. Nur mit Mühe kann ich meine Hündin von der Cockerspaniel-Dame loseisen. Ich muss ihr versprechen, am nächsten Morgen wieder vorbeizukommen. Am liebsten würde ich Shivas Freundin mit nach Hause nehmen. Aber sie ist zu teuer. Über 100 Euro will mir der Trödelhändler für die Porzellanfigur abknöpfen.

Schlaues Mädchen

Shiva ist ein schlaues Mädchen und eine wachsame Hündin. Manchmal aber passt sie auf, wenn überhaupt nichts los ist. Meine Schuld. Ich habe sie falsch konditioniert. Bei jeden „Scht-Laut", den ich von mir gebe, gehen bei ihr sämtliche Alarmglocken an, und dann zuckt jeder im Kiez zusammen. Das habe ich ihr so beigebracht. „Scht" heißt „Vorsicht, Feind von hinten". Wenn ich sie beruhigen will, sage ich „Psst". Aber das klingt für meine Hündin zu sehr nach „Scht" und sie legt noch einen drauf. Ich probiere es mit „Tzzz" und „Krrrr", aber das macht sie nur noch wütender. Am besten, ich halte meine Klappe.

Hassan

Unser morgendlicher Rundgang dauert jetzt etwas länger. Shiva und ich haben uns inzwischen mit den Leuten vom Döner Train angefreundet. Ich bekomme starken türkischen Tee serviert, während Shiva den Asphalt nach den Überbleibseln der Nacht abgrast. Ist alles verputzt, wird sie von der Grill-Mannschaft gestreichelt und gefüttert und amüsiert sich königlich. Und für die Extra-Portion Kebab hört sie jetzt auch auf den Namen „Hassan".

Schnarchliese

Ich bin ein wenig erkältet. Weil ich deshalb nachts die Schnauze nicht halten kann und hörbar nach Atem ringe (Frauchen nennt es „das Schnarchen aus der Hölle"), muss ich temporär das Schlafzimmer verlassen und auf der Couch schlafen. Ziemlich unbequem, zumal sich Shiva auch noch dazu quetscht. Krumm wie ein Bügel versuche ich nun einzupennen. Doch plötzlich fängt meine Hündin an zu grummeln, wird immer lauter, bis sie ebenfalls schnarcht. Es hört sich so an, als ob der Nachbar mit dem Presslufthammer durch die Wand kommt. Ich packe sie an der Schnauze, aber das halte ich nicht lange durch. Wachmachen kann ich sie auch nicht, dann wird sie unleidlich. Mir bleibt nichts übrig, als in meine Eckkneipe zu gehen und dort zu warten, bis meine Hündin die REM-Phase erreicht hat.

Der Ball der Hunde II

Mein armes Herrchen. Jetzt glaubt er doch tatsächlich, dass er mir wieder was Tolles beigebracht hat.

Nur weil ich ein paar Mal seinen blöden Ball zurückbringe, meint er, er wäre der Boss im Hundezwinger. Hat er sich aber getäuscht. Dieses Spiel ist einfach zu langweilig. Ich finde es lustiger, wenn Herrchen hinter mir herrennt und verzweifelt nach dem Ball fischt. Ohne Chance, versteht sich. Zweimal tue ich ihm den Gefallen, werfe ihm den Ball vor die Füße und hole mir mein Leckerli ab, danach lasse ich das Ding einfach irgendwo fallen und tobe mit den anderen Hunden herum. Soll Herrchen doch mit Frauchen spielen.

Schräge Vögel

Da ist sie wieder – Shivas Lieblings-Feindin. Eine Nebelkrähe oder wie der schräge Vogel heißt. Sie scheint schon auf meine Hündin zu warten. Hockt direkt vor der Haustür herum und pickt Brotkrumen vom Pflaster. Shiva rastet natürlich aus, reißt an der Leine, dass ich mir den Oberarm zerre, kläfft aufgeregt herum und schnappt nach der Krähe. Doch die kümmert das nicht. Arrogant hüpft sie ein paar Zentimeter zur Seite und pickt entspannt weiter. Shiva ist völlig verzweifelt. Nicht weil sie in der Krähe einen Nahrungskonkurrenten sieht – es bleiben genug Dönerfetzen vor der Kebab-Bude für meinen Allesfresser übrig. Nein, meine Hündin ist einfach stinkig, weil sie die Nebelkrähe nie zu fassen kriegt und die fiese Flatterelse das zu wissen scheint. Sonst würde sie nicht jeden Morgen das gleiche Spiel mit uns treiben und uns auslachen.

Grunz

Es ist merkwürdig still im Wald. Das schlechte Wetter hat die meisten Hundehalter auf die Straße getrieben, für einen ausgiebigen Spaziergang im Auslaufgebiet ist es zu nass. Ich bin mit Shiva allein unterwegs. Ganz allein?
Plötzlich hebt meine Hündin ihre Schnauze und schnüffelt in die Luft. Ihre Glieder versteifen sich, sie will keinen Schritt mehr gehen. Ich werde nervös. Dann knackt es links ganz gewaltig im Unterholz. Eine Rotte Wildschweine stürmt auf den Weg. Shiva fängt an zu zittern, ich fange an zu zittern. Die Wildschweine zittern nicht. Froh des Lebens nehmen sie Kurs auf uns. In letzter Sekunde können wir uns hinter einer dicken Eiche verstecken. Die Jagd der Wildschweine auf Hunde und Halter kann wieder beginnen.

Der lange Abschied

Es ist soweit. Herrchen packt seine sieben Sachen. Er will, wie jedes Jahr, auf Wanderschaft gehen. Ohne mich. Mir wäre das auch viel zu anstrengend. Aber so einfach kommt er mir nicht davon. Den ganzen Tag belauere ich mit Katze Mini seinen Rucksack, beschnüffele jede einzelne Socke, die er reinstopft. Herrchen ist aufgeregt, jammert die ganze Zeit, dass ihm der Abschied ja so schwer fiele. Dabei ist der Olle doch nur ein paar Tage weg.
Endlich ist er fertig und will losziehen. Aber so lasse ich ihn nicht aus der Tür. Er kann bitten und betteln, ich blockiere die Wohnungstür. Ich weiß, warum, und irgendwann kriegt das sogar Herrchen mit: In seinem Rucksack miaut es. Mini hat sich zwischen Wanderhemden und langen

Unterhosen versteckt. Sie würde wohl gerne mit wandern. Aber das kann ich natürlich nicht zulassen. Ohne meine Erlaubnis verlässt hier niemand das Rudel.

Vermisst

Ich halte es nicht mehr aus. Jetzt bin ich schon einen Tag lang ohne meine Hündin in einem fremden Land unterwegs. Wie sehr ich Shivas fröhliches Bellen vermisse. Wie viel schöner wäre es, mit ihr durch den Grunewald zu spazieren, als hier mit irgendwelchen komischen Zweibeinern über die Berge zu stiefeln. Ich rufe sie einfach mal an. Shiva ist zwar zu Hause, geht aber nicht ans Telefon. Das macht Frauchen. Ich frage sie nach dem Befinden meiner liebsten Freundin. Shiva scheint sich auch ohne mich köstlich zu amüsieren, und das macht mich ein wenig eifersüchtig. Wird Zeit, dass ich wieder nach Hause komme.

Fiese Möpps

Herrchen meint, ich wär 'ne fiese Möpp. Dabei sehe ich gar nicht aus wie ein Mops. Aber fies sein macht einfach Spaß. Besonders, wenn Herrchen mich dabei beschützt. Jeden Morgen kommen wir auf dem Weg zum Zeitungsladen an einem Architekturbüro vorbei, das von einem Jack Russel Terrier bewacht wird. Was heißt bewacht. Meistens döst der Artgenosse auf einem Kissen hinter dem Schaufenster. Das weiß ich, und deshalb schleiche ich mich auch heran, mache einmal ganz laut „Wuff" und bin wieder verschwunden. Der Jacki schreckt aus dem Schlaf und bellt wie verrückt in die Luft. Wenn er sich dann wieder beruhigt hat, fange ich das

Spiel von vorne an. Herrlich, und Herrchen muss einfach mitmachen, er ist ja auch an der Leine. Aber was macht der Spielverderber heute? Beim dritten Mal macht sein Herrchen einfach die Bürotür auf und der Jack, der Irre, rennt wütend raus. Jetzt hab ich den Salat, jetzt ist Schluss mit lustig.

Ich bin dann mal wieder weg

Typisch. Ich habe 160 Kilometer Wanderung auf dem Buckel, und das Erste, was Frauchen einfällt, als sie mich sieht: Sie gibt mir die Hundeleine in die Hand und schickt mich mit Shiva an die frische Luft. Die freut sich natürlich riesig, mit mir durch den Park zu eiern, schließlich halte ich die „Zügel" etwas lockerer als Frauchen. Ganz besonders heute, wo ich doch durch Bänderdehnungen, Zerrungen, Muskelkater, Verstauchungen und blaue Flecken beim Gassi gehen behindert bin.
Shiva nutzt das reichlich aus, zerrt mich gnadenlos durchs Gestrüpp und über die Straßen. Erst zum Schluss zeigt sie Erbarmen und verlangsamt das Tempo. Dabei schaut sie mich mitleidig an. Ich glaube, morgen gehe ich wieder wandern, das ist halb so anstrengend.

Quieken, bis der Arzt kommt

Shiva ist von ihrem Kebab-Diätplan abgewichen und hat beim morgendlichen Gassi gehen irgendeinen Mist gefressen. Jetzt muss sie zum Tierarzt.
Die Hölle könnte nicht schlimmer sein. An der Praxistür jault sie auf, als wären Wölfe hinter ihr her. Auf den Tisch lässt sie sich selbst mit Hilfe von drei weiteren Ärzten

nicht heben, und als der liebe Viehdoktor bei ihr Fieber messen will, dreht sie am Rad. Jetzt helfen nicht mal mehr Wiener Würstchen oder Putenstreifen. Da gibt´s nur noch eins: Ich muss singen.

Meine Hündin ist so irritiert, dass sie das Fieberthermometer hinten nicht mitkriegt. Ich hoffe für alle Mithörer, dass Shiva nicht so schnell wieder zum Doktor muss.

Hund zu verschenken

Über uns wohnt eine nette Familie mit einem vierjährigen Sohn. Der Kleine hat Angst vor Hunden, fängt immer an zu schreien, wenn sich im Treppenhaus unsere Wege kreuzen. Ich versuche natürlich, den Jungen zu beruhigen. Doch Sprüche wie „Die tut nichts, die will nur spielen" kommen bei ihm nicht an. Aber Frauchen kann die Situation retten. Sie schlägt ihm vor, Shiva ein paar Befehle zu erteilen, Sitz oder Platz zu sagen, wenn er an uns vorbei muss. Und das klappt prima, weil meine Hündin in Portugal mit vielen Kindern groß geworden ist. Der Lütte ist mächtig stolz. Wenn er etwas größer ist, wünscht er sich auch so eine Hündin. Kann er haben.

Ressourcen

Es ist immer gut, eine starke Freundin im Rücken zu haben. Vor allen Dingen, wenn es sich um eine Molosserhündin handelt. Dann ist so gut wie alles möglich. Lola heißt meine Kumpeline, ein graues Monster mit blutunterlaufenen Augen, aber in Wirklichkeit ganz lieb. Sie gehört zum Rudel von Kerstin. Und Kerstin ist die mit den vielen Tonnen Leckerlis, die ich jeden Morgen treffe. Selbstverständlich wird diese Schatztruhe von Lola bewacht – ich als ihre Freundin darf da natürlich ran, aber wehe es kommt ein fremder Hund auf die Idee, sich von dem leckeren Kuchen was abschneiden zu wollen. Ich spiele die Alarmglocke und renne bellend vor, und Lola spielt den Türsteher und baut sich vor dem Eindringling auf. So kommt garantiert keiner an unsere Beute heran. Das nenne ich erfolgreiche Ressourcenverteidigung.

Stürmische Zeiten

Jetzt brechen wieder stürmische Zeiten an. Das ist besonders morgens nervig, wenn ich mit Shiva durch die Dunkelheit schleiche. Das Geblase macht mich und meine Hündin sehr nervös. Überall raschelt es. Das von den fleißigen BSR-Männern mühsam zusammengekehrte Laub fliegt durch die Gegend, die Baustellenplanen flattern im Wind und meine Hündin behauptet, das wären alles Feinde, die man aus dem Revier jagen müsste. Entsprechend aufregend und abwechslungsreich ist das Gassi gehen. Nach knapp einer halben Stunde bin ich fix und fertig – muss aber natürlich noch mal raus, weil Shiva vergessen hat, ihr Geschäft zu machen.

Leichtes Mädchen

Ich komme mir vor wie in einem Walt Disney Film. Ich bin Donald, Shiva ist Pluto und die beiden kleinen Tiere, die uns im Wilmersdorfer Park ständig ärgern, sind A-Hörnchen und B-Hörnchen. So was von frech, so was von dreist. Wenn sie uns sehen, krabbeln sie von ihrem Baum herunter, rennen im Zickzackkurs vor uns her, springen wieder die Rinde hoch und bewerfen uns von oben mit Eicheln. Ich könnte ja noch damit leben, aber meine Hündin dreht dann richtig am Rad, zerrt an der Leine und will ebenfalls den Baum hoch. Das schafft sie natürlich nicht. Nach knapp einem Meter muss selbst mein leichtes Mädchen der Schwerkraft Tribut zollen. Morgen früh nehme ich die Katze mit.

Ball von hinten

Shiva ist nicht blöde. Bällchen holen macht sie mit links, aber nur ein- bis zweimal. Dann wird ihr das Spiel langweilig und sie verschwindet mit der Beute im Busch. Da ich keine Lust habe, ständig hinterher zu kriechen, kostet mich diese Nummer ein Vermögen – die schicken bunten Bälle sind teuer, das elegante Wurfgeschoss dazu gehört in die Kategorie „Luxusartikel". Aber Frauchen hat mich jetzt auf eine gute Idee gebracht: Ich werfe den Ball nach hinten. So muss Shiva nicht wieder zurück zur Meute, sondern ihr hinterher laufen, damit sie den Anschluss nicht verpasst. Dass sie jedes Mal ein halbes Würstchen zur Belohnung kriegt, verrate ich aber nicht.

So bequem kann das Leben sein

Ab sofort muss Shiva alleine durch den Grunewald. Mir ist das Wetter zu schlecht. Ich bleibe im Auto sitzen und schicke meine Hündin ins Grüne. Vorsichtshalber habe ich aber den anderen Hundehaltern per Handy Bescheid gegeben. Nach nur fünf Minuten kommt dann auch schon die erste Meldung. „Shiva ist eben an Station eins durch – mit einem kleinen Frühstück im Bauch." Die zweite Station ist bei Kerstin. Noch mehr Leckerlis, und auch das nette ältere Pärchen mit dem lustigen Raufbold Bruno weiß nur Positives zu berichten.

„Shiva ist gerade weitergelaufen, die Würstchen haben ihr prima geschmeckt."
Nach 45 Minuten steht meine Hündin satt und glücklich wieder vor dem Auto. Wie bequem kann doch das Leben sein.

Sturm- und Drangzeiten

Heute weht es wunderbar. Ich liebe den Sturm. Nicht nur, weil er mir die bösen Gedanken aus dem Schädel bläst. Nein, ein kräftiger Wind ist auch sehr bequem. Ich muss mich nicht bücken. Und Shiva kann sich beim Spaziergang im Grunewald alleine beschäftigen. Überall fliegen und liegen Äste herum. Meine Hündin schnappt sie sich aus der Luft oder vom Boden und rennt wie eine angestochene Wildsau durch die Landschaft. Ich muss sie nicht mehr mühsam vom gefrorenen Boden reißen und mir beim Werfen den Arm auskugeln. Herrlich. Und Shiva hat die freie Auswahl. Kurze Stämme, dünne Äste, Zweige – was der Wald so hergibt. Sie hat ihre wahre Freude daran.
Als mir ein Ast auf den Kopf fällt, springt sie vor Wonne im Dreieck. Ich freue mich auf meine sturmfreie Bude.

Wie man sich zum Obst macht, auch als Hund

Ich muss es zugeben. Ich habe mich verknallt. Ausgerechnet in den arrogantesten Hund, der hier im Kiez herumschnüffelt. Ein großer Collie mit toll frisiertem, schwarz-weißem Fell. Den Kopf hält er immer schön oben, und wenn ihm so eine wie ich zu nahe kommt, dreht er sich weg und schaut gelangweilt in die Luft. Einfach herrlich, so ein Typ.

Als ich ihm im Park begegne, mache ich mich freiwillig zum Obst. Ich tanze, winsle und wühle mich über den Rasen. Keine Chance, das lässt Mr. Cool völlig kalt. Für ihn bin ich Luft. Aber ich habe ja noch Herrchen. Der greift in seine Tasche, zieht eine Bockwurst heraus und hält sie mir vor die Schnauze. Jetzt endlich dreht sich der Collie um und begrüßt mich mit einem Nasenstüber. Tja, bei uns Hunden heißt es eben auch: Liebe geht durch den Magen.

Gassi gehen, olympisch

Ich melde Gassi gehen als neue olympische Disziplin an. Bei dem Tempo, das Shiva morgens anschlägt, gehöre ich mittelstreckenmäßig fast schon zur internationalen Spitze, auch beim Weitsprung über diverse Pfützen und im Hochsprung über faulige Baumstämme schneide ich nicht schlecht ab. Am besten aber bin ich beim Weitwurf – der nasse Tennisball fliegt durch den halben Grunewald. Jeden Morgen um einige rekordverdächtige Meter weiter. Entsprechend fertig bin ich natürlich nach so einem sportlichen Mehrkampf. Zugegeben, meine Hündin ist in fast jeder Disziplin besser ist als ich. Schade eigentlich, dass es für Hunde noch keine Olympiade gibt.

Ruhestörender Lärm

Peinlich. Ich mache mit Shiva meine morgendliche Runde, wegen der Zeitumstellung nun leider noch eine Stunde früher. Wir sind fast alleine unterwegs. Deshalb verstehe ich nicht, warum meine Hündin plötzlich zu bellen anfängt. Sie bekommt Antwort aus der Dunkelheit. Das war der Hund vor der Bäckerei.

Nur wenige Sekunden gibt ein dritter Hund seinen Kommentar ab. Hund Nummer vier und fünf gesellen sich dazu – der ganze Kiez ist jetzt in Aufruhr. Überall gehen die Lichter an und die Fenster auf. Menschen flehen um Ruhe.
Ich schleiche mit Shiva an der Häuserwand ganz leise wieder nach Hause. Wir waren das nicht!

Die Vögel

Ich mach' sie alle fertig. Gestern habe ich fast eine erwischt. Die blöde Nebelkrähe war schon fast in meiner Schnauze, ich kaue immer noch auf einer Feder herum. Aber die Viecher sind mächtig schlau und sehr, sehr böse. Und sie scheinen alle Handys zu haben. Auf jeden Fall muss sich mein Krähen-Kampf bis in den Grunewald herumgesprochen haben. Die finsteren Vögel sammeln sich auf den Bäumen und greifen mich feige von oben an, hacken im Sturzflug auf mir herum. So eine Gemeinheit. Das geht mir auf die Senkel, ich versuche auszuweichen, schlage Haken wie ein Hase, verkrieche mich unter einen Baumstumpf, doch die Schnabel-Killer geben nicht auf. Herrchen muss eingreifen. Er schleudert die Schleppleine durch die Luft wie ein Lasso. Endlich geben sie auf. Wir fliehen in den Volkspark. Doch auch hier haben die Vögel alle eine Meise. Ohne Vorwarnung flattern Tauben, Amseln und Spatzen um mich herum. Den habe ich doch gar nichts getan! Erst als ich die Krähenfeder wieder ausspucke, werden sie wieder friedlich. Das war ein rabenschwarzer Tag.

Kletteraffen

Wir haben wieder jede Menge Kebab aus dem Hundekühlschrank eingesteckt.
Schließlich hat sich Shivas bester Freund Leon angesagt. Die Freude ist riesengroß beim lustigen Rüden. Erst kriegt Shiva einen Stupser, dann wird Frauchen umgerannt. Den ganzen Spaziergang keilen sich die beiden Hunde um die Leckerlis, freundschaftlich, versteht sich. Sie springen auf jeden Baumstumpf. Und ist die „Stehfläche" zu klein, hauen sie sich gegenseitig runter. Leon macht das mit Frontalangriffen, er ist ja auch ein wenig kräftiger. Shiva dagegen schiebt ihren Kopf unter Leons Bauch, hebt ihn hoch und haut ihn so aus den Puschen. Das probiere ich nachher mal mit meinen Kumpels in der Stammkneipe.

Begossener Pudel

Es regnet, nur ein wenig, aber mir reicht's. Eine
Unverschämtheit, dass Herrchen mich bei so

einem miesen Wetter an der Leine auf die Straße zerrt. Nur widerwillig schleiche ich hinter ihm her. Immer schön an der Fassade entlang. Hier ist der Regen nicht ganz so fürchterlich. Unter den Vorsprüngen ist es sogar trocken. Dort mache ich auch immer wieder ausgedehnte Pausen, schnuppere, als ob irgendein wichtiger Rüde spannende Nachrichten hinterlassen hat. Mein Herrchen tut mir irgendwie leid. Er sieht aus wie ein begossener Pudel. Jetzt will er mich in den Park verschleppen, ich soll dort endlich mein Geschäft erledigen. Ich lege mich ab, soll er mich doch tragen. Aber er hat ein Einsehen, rennt mit mir noch mal die Treppen hoch und besorgt mir einen Regenschirm. Geht doch.
Herrchen holt sich bestimmt einen Schnupfen, der Arme, aber ich bleibe zumindest trocken. So läuft das Geschäft auch wieder wie am Schnürchen.

Billigware, nein danke!

Ich habe gestern bei einem Discounter 50 Kilo Leckerlis gekauft. So günstig war Hundefutter noch nie. Und die Abbildung auf der Tüte sah auch sehr appetitlich aus. Beim Spaziergang am Grunewaldsee aber dann der Schock. Shiva spuckte das Leckerli aus und schaut mich an, als ob ich sie vergiften will. Diese verwöhnte, Kebab süchtige Nudel. Und ich muss jetzt versuchen, die 50 Kilo Billigware wieder loszuwerden. Gut, dass ich einen Rucksack habe. Wie Hänsel und Gretel verteile ich die Leckerlis im Wald. So viele Hundefreunde hatte ich noch nie. Sie springen mich an, laufen hinter mir her. Das alles passt meiner Hündin natürlich überhaupt nicht – und siehe da, sie schnappt sich ebenfalls eines meiner Sonderangebote. Geht doch.

Es fliegen die Blätter

Mein armes Herrchen. Jetzt dauert die Nachmittagsrunde für ihn schon über eine Stunde. Für mich geht die Zeit schneller vorbei. Überall liegen die vergilbten Blätter auf dem Boden. Das finde ich einfach toll. Alle zwei Meter gibt es was zum Schnuppern, unter dem Laub hat sich das eine oder andere Leckerli versteckt. Kalte Pommes, Bananenschalen, Gummibärchen. Die Kippen zähle ich nicht mit. Herrchen aber ist so genervt, dass er mit mir anschließend in ein Gartencenter fährt und sich einen Laubbläser kauft. Keine Ahnung, was er damit vorhat.

Dark Night

Es ist dunkle Nacht, nass und stürmisch. Hätte ich Shiva nicht dabei, würde ich mich gar nicht auf die Straße trauen. Aber ohne Shiva müsste ich auch zu dieser Zeit nicht vor die Tür. Hastig huschen wir durch

den Park, jedes Geräusch in der Dunkelheit treibt mich schneller voran. Shiva bleibt gelassen. Als plötzlich vor mir etwas anfängt, gelb und rot zu blinken, rutscht mir das Herz in die Hose und Shiva schlägt Alarm. Ich bin doch ziemlich erstaunt, als das Blinklicht zurückbellt. Da war mal wieder ein Hundehalter schlau und hat seinem Vierbeiner ein Leucht-Halsband umgebunden.
Morgen kaufe ich mir auch eins, damit mich Shiva überall findet.

Stamm/Baum

Was ist denn jetzt los? Was ist denn hier passiert? Kaum bin ich ein paar Tage nicht mehr im Wald gewesen, sieht hier alles anders aus. So leer, so luftig. Es fehlen eindeutig die Bäume, an die ich sonst gepinkelt habe. Herrchen meint, das wären die Waldarbeiter gewesen, die den Wald lüften wollten. Aber das ist ja schon Kahlschlag. Es sieht aus wie auf Herrchens Kopf! Egal. Die Bäume sind ja noch nicht weg. Die liegen jetzt schön übereinandergestapelt am Wegesrand. Na, dann aber rauf auf den Hügel.
Das kenne ich noch aus Portugal, da bin ich stundenlang die Klippen rauf und runter, während unter mir der Atlantik toste. Herrchen ist damals schon immer panisch geworden, hat wohl Angst gehabt, dass seine Hündin den Abgang macht. Aber das passiert einer portugiesischen Bardino-Dame nicht. Herrchen hat auch jetzt wieder Angst, als ich die Stämme hochklettere. Aber er spielt mit, legt ein Leckerli auf seine Glatze, ich schnappe mir das Ding und lecke den letzten Krümel weg. Macht das Spaß. Könnte ich stundenlang machen. Jetzt glänzt sein Kahlkopf wie poliert.

Oh, mein Gott: Shiva ist überall!

Ich habe Shiva beigebracht, die Post hochzubringen. Den Briefkasten kann sie noch nicht wieder zumachen, aber es ist auch so eine Erleichterung bei der vielen Reklame und den Mahnungen. Shiva hilft mir auch oben im Büro, beim Sortieren der Post. Heute will sie mir einen Brief einfach nicht übergeben, hält ihn trotzig im Maul. Eine Leserin hat uns geschrieben. Sie erzählt, dass sie auch so eine lustige und freche Hündin hat wie ich. Sie glaubt, dass es von dieser Sorte noch viel mehr gibt in Berlin. Wenn das stimmt, müsste man mal ein Treffen der „Shiva-Gleichen" organisieren. Natürlich auf neutralem Boden und mit viel Rückzugsmöglichkeiten. Wir werden beide die Augen nach Shiva-Doppelgängern offen halten.

Anti-Virus

Herrchen meint immer, ich wäre so was wie ein vierbeiniger Computer mit einer Ein-Terrabyte großen Festplatte im Schädel, weil ich jeden Hund abspeichern kann, den ich schon mal getroffen habe.
Weil jeder neue Hund, der mir begegnet, von meinem hundseigenen Anti-Viren-Programm geprüft wird, bevor er bei mir über den Bildschirm laufen darf. Na, wenn er meint. Aber heute ist der PC abgestürzt. Auf einer Glasfront entdecke ich eine mir völlig unbekannte Hündin. Ein wenig verzerrt, aber so groß wie ich, das gleiche gestromte Fell, dieselben Knickohren. Und die Blöde macht mir doch tatsächlich alles nach. Schnuppert, bellt und legt den Kopf schief. Das ist mir unheimlich, ich verziehe mich lieber zwischen Herrchens Beinen.
Das wäre mein Spiegelbild, behauptet er. Aber der kann viel behaupten. Erst als er die Scheibe eintritt und mein

Gegenüber in tausend Scherben zerfällt, läuft der PC wieder.

Laubraub

Unser gemütlicher Spaziergang durch den Park wird heute gestört. Menschen mit Helmen und Ohrschützern auf dem Kopf marschieren über die Wiese, auf dem Rücken riesige Behälter, in ihren Händen mächtige Kanonen. Plötzlich krachen die Kanonen los. Welkes Laub fliegt durch die Luft, es bläst ein Sturm wie sonst nur an der Nordsee. Alle mehrbeinigen Säugetiere nehmen Reißaus, selbst die frechen Krähen flattern pöbelnd davon. Nur Shiva nicht. Fröhlich schnappt sie nach den fliegenden Blättern, wühlt sich durch neu errichtete Laubhaufen und hält ihren Kopf ins Gebläse. Die merkwürdigen Menschen finden das gar nicht lustig. Sie stellen ihre Laubbläser wieder aus und zeigen mir, was eine Harke ist.

Schlaraffenland

Die Neugier kann ich Shiva nicht abgewöhnen. Sie muss ihre Nase überall reinstecken. Vielleicht hat sie das ja von mir. Jetzt hat sie übertrieben und ich kriege Ärger. Ein junger Mann wollte an uns vorbei, in jeder Hand eine Einkauftüte voller schmackhafter Dinge. Käse, Wurst, Spekulatius, Gummibärchen, Erdnüsse – eben alles, was man an Grundnahrungsmitteln so benötigt. Und bequemer kann man die Beute auch nicht jagen.
Die Tüten sind in Augenhöhe, wie im Schlaraffenland fallen ihr sozusagen die Trauben ins Maul. Klar, dass der Mann erbost ist und Schadenersatz fordert.

Ich zahle gerne, muss ich doch nun nicht mehr selber einkaufen.

Hassan, die Zweite

Shiva ist mittlerweile nicht nur eine Berühmtheit am Grunewaldsee. Auch in der türkischen Gemeinde bei uns im Kiez kennt sie jetzt jeder unter dem Namen „Hassan". Meine Hündin nutzt das natürlich aus. Der Kebab bei uns um die Ecke reicht ihr schon lange nicht mehr. Döner-Grills gibt es immerhin fast an jeder Ecke, und die Türken haben noch andere fleischige Leckereien auf Lager. So schlägt sich Shiva auf unserem Weg über die Fressmeile den Bauch voll. Macht dabei schön Sitz und Platz, dreht den Kopf nach links und rechts. Und rülpst. Dort, wo es kein Fleisch gibt, bekommt sie jede Menge Streicheleinheiten und Glückwünsche.
Schon klar, wo ich mit ihr im nächsten Jahr unseren gemeinsamen Urlaub verbringe.

Die Hand vorm Auge

Die morgendliche Runde wird immer gefährlicher. Ich sehe die Hand vor Augen nicht, und wenn ich sie dann doch mal sehe, knalle ich mit dem Kopf gegen einen Laternenmast, weil die Hand vor meinen Augen die Sicht behindert. Shiva stört das nicht, sie hat eine gute Nase, die sie an den vielen Hindernissen sicher vorbeiführt. Aber was mir an natürlichen Werkzeugen fehlt, habe ich in meiner Schublade: Eine Kopflampe, wie sie die Männer im Bergbau verwenden. Die weist mir jetzt den Weg durch die Finsternis und ich kann mit Shiva endlich mein Lieblingsspiel durchziehen: „Ich sehe was, was du nicht siehst!" Viel ist das nicht um diese Zeit. Aber immerhin entdecke ich so manchen Hundehaufen, in den ich früher getreten wäre.

Schafe hüten

Endlich zeigt Herrchen Erbarmen und wir gehen mal woanders spazieren als über die eingetretenen Pfade im Hundeauslaufgebiet. Es geht heute sogar dorthin, wo ich mich als portugiesischer Hütehund am wohlsten fühle. Ich darf über offenes Gelände laufen, mit einem Hügel in der Mitte, von der Südseite leicht zu erklimmen. Hier habe ich eine gute Aus- und Weitsicht, kann alles kontrollieren. Während Herrchen noch den Hügel hinaufkeucht und dabei mächtig schwitzt, stehe ich schon oben und belle in alle Richtungen. Kann ja sein, dass irgendwo ein anderer Hund ist. Schließlich muss ich Herrchen, mein Schaf, auch in fremder Umgebung gut behüten. Als er dann endlich oben ist, treibe ich ihn wieder runter. Es fängt nämlich an zu pieseln, und ich soll ja die Schäflein ins Trockene bringen.

Stammkunde

Täglich denke ich für meine Hündin mit. Morgens um sechs Uhr gehe ich das erste Mal in den Tabakladen, damit Shiva ihr Leckerli abholen kann. Natürlich vergesse ich die Hälfte, damit Madam wenig später dort ihr zweites Frühstück einnehmen kann. Mittags bin ich wieder im Laden, nur so, um Guten Tag zu sagen und Shiva einen Nachschlag zu gönnen. Am Nachmittag kaufe ich dann endlich das ein, was ich eigentlich schon morgens einkaufen wollte. Natürlich ist Shiva wieder dabei und reißt ihre Klappe auf – gegen den kleinen Hunger zwischendurch. Am Abend schenkt uns der Hundefreund hinter dem Tresen noch ein Betthupferl. Gut, dass er um 20 Uhr schließt, sonst würde ich noch zum Mitternachtssnack auftauchen.

Dog Cops

Wenn ich auf meinen besten Kumpel Leon treffe, zittert das ganze Hundeauslaufgebiet. Wir beide machen aber wirklich einen auf dick. „Dog Cops" und „Kontrollfreaks" werden wir mittlerweile gerufen.
Wie eine ausgebildete Hütehündin renne ich vor, klettere auf einen Baumstumpf und peile die Lage. Wehe, wenn ich einen anderen Hund entdecke! Dann gibt es ein kurzes „Wäff"-Signal und Leon stürzt los. Ich natürlich hinterher. Gemeinsam wird jeder Neuling von vorne bis hinten beschnuppert. Verhält er sich ruhig, darf er passieren. Protestler werden kurz um den nächsten Baum gejagt. Das macht Spaß, auch wenn die meisten Hundehalter das nicht so toll finden.

Hoch das Bein

Täglich grüßt das Murmeltier und Shiva grüßt zurück. Wir sind nun schon den dritten Winter wieder in Berlin, und jedes Mal passiert dasselbe. Kaum liegt Schnee, wird gestreut und ich darf wieder den Doktor spielen. Weil Shiva sich das Streusalz in die Pfoten tritt und nicht mehr weiterlaufen will. Quiekend hebt sie erst das linke Vorderbein, dann das rechte Vorderbein, die hinteren Beine natürlich auch. Ich darf die Krümel heraus pulen, auch wenn gar kein Salz da ist. So geht das Meter für Meter. Auch auf den Strecken, wo der Schnee noch unberührt ist und im Mondschein silbrig glänzt, zieht Madam ihre Show durch. Das wird ein harter und langer Winter.

Der Hund, ein Eichhörnchen

Shiva muss in ihrem früheren Leben ein Eichhörnchen gewesen sein. Ständig buddelt sie im Grunewald kleine Löcher und packt dort Eicheln, Kastanien und halb verweste Leckerlis rein. Am nächsten Morgen gräbt sie die Sachen wieder aus und versteckt sie woanders. Nur selten geht sie an den Vorrat, es könnte ja sein, dass der Winter wieder etwas länger dauert. Ich bewundere ihr Gedächtnis. Sie findet alles sofort wieder. Bei mir klappt das nicht so gut, mein Kurzzeitgedächtnis habe ich irgendwo verlegt, keine Ahnung wo. Jetzt muss ich Shiva nur noch darauf trainieren, dass sie zu Hause meine Brieftasche, meinen Wohnungsschlüssel und meine Brille ebenso schnell wiederfindet.

Alte Socke

Das macht Spaß. Weil Herrchen ein Wetterfrosch ist und das Gassi gehen am Nachmittag gestrichen hat, muss er jetzt mit mir zu Hause spielen. Ich gebe mich nun mal mit zwei Stunden draußen toben am Morgen nicht zufrieden. Irgendwo muss die Power ja hin. Also schmeißt er mit Gegenständen, wenn ich ihn pünktlich um 15 Uhr dazu auffordere. Ich muss die Sachen dann wieder holen, dafür kriege ich kleine Snacks. Manchmal versteckt er auch seine Socken oder irgendeinen alten Teddy, und ich hole den Kram unterm Bett wieder hervor. Nichts leichter als das. Er sagt „Socke", also kriegt er seine Socke.
Mittlerweile sieht unsere Wohnung wie ein Trümmerfeld aus. Herrchen ist vom Werfen und Verstecken völlig fertig, aber stolz, dass ich so gut funktioniere. Aber Frauchen ist mit den Nerven runter, weil sie alles wieder aufräumen muss. Jetzt muss Herrchen mit mir wieder jeden Nachmittag raus, ob es stürmt oder schneit. Geht doch.

Hund, ärgere Dich nicht

Ich gebe es jetzt zu. Ich habe mir Shiva auch zugelegt, weil ich gerne jemanden ärgere. Wir haben wieder einen langen Spaziergang hinter uns und meiner Hündin fallen zu Hause auf dem Teppich die Äugelein zu. Ich lege mich daneben, die Äugelein gehen wieder auf. Und wieder zu. Ich rasche mit der Tüte, und sie springen wieder auf. Das geht zehn Minuten so. Bei jedem Mal fällt es Shiva sichtlich schwerer, ihre Lider zu heben. Aber bis ganz zum Schluss siegt die Neugier. Bis ich eindöse. Und Shiva mir über das Gesicht leckt. Dann beginnt das Spiel von vorne.

Wenn der Haussegen schief hängt

Bei uns hängt der Haussegen nicht schief, er hängt voll durch. Selber schuld. Wir waren gestern zu einem Empfang eingeladen. Hochoffiziell! Feine Gesellschaft. Frauchen hat sich extra ein neues Abendkleid gekauft und war eine Woche lang beim Friseur. Das schönste aber war: Wir durften unsere Hündin mitnehmen. Auch sie wurde zu diesem Anlass noch einmal ordentlich durchgebürstet und gekämmt. Dann war es soweit. Der Gastgeber kam uns auf dem roten Teppich entgegen und begrüßte mich. Ich grüßte höflich zurück und stellte mich und meine Hündin vor. Das war's. Frauchen habe ich einfach vergessen. Jetzt ist sie eingeschnappt und kocht mir keine Nudeln mehr.

Wachschutz

Wenn ich mit Shiva um die Häuser ziehe, mache ich gerne einen kleinen Abstecher in die neu renovierte Vorhalle meiner Sparkasse, um Geld abzuheben. In diesen dunklen, kalten Tagen ist es dort auch wohlig warm. Während ich den Automaten traktiere, macht es sich Shiva in einer Ecke gemütlich.
Heute nicht. Heute liegt da schon jemand. Mit vielen Plastiktüten um sich herum. Shiva ist empört, fängt an zu kläffen. Der Unbekannte springt auf, schnappt sich die Tüten und seine halb leere Flasche Korn und rennt hinaus. Morgen melde ich Shiva beim Wachschutz an.

Das haut das stärkste Herrchen um

Diese blöden Weiber gehen mir auf den Zeiger.
Wenn die so frech auf mich zu gerannt kommen,

kriegen sie eine Ansage, die sich gewaschen hat. Und ängstliche Hündinnen kann ich sowieso nicht ausstehen, da renn ich hin und mach die klar. Wollen doch mal sehen, wer hier „Frau" im Grunewald ist. Herrchen geht mir aber auch auf den Zeiger. Er entschuldigt sich ständig bei irgendwelchen Haltern und nimmt mich dann einfach an diese fiese Schleppleine. So ein Ding, wo man denkt, man kann sich frei bewegen, aber abhauen kann man dann doch nicht. Wenn ich plötzlich einen Rappel kriege und losrennen will, tritt der Olle einfach drauf und ich werde ausgebremst. Ich hasse diese Schleppleine. Herrchen kann mich mal. Der Spaziergang hat sich für mich erledigt, den Zweibeiner schaue ich heute nicht mehr an.

Aber hallo, plötzlich taucht dieser kleine lustige Dackel auf, ein Super-Kumpel, spielt immer den Hasen für mich. Ich zwinkere ihm zu, das Spiel kann beginnen. Er rennt um Herrchen herum, ich hinterher, immer und immer wieder. Bis der eingeschnürt ist, wie ein Paket und wie ein gefällter Baum umkippt. Ich glaube, jetzt hasst er die Schleppleine genauso wie ich.

Raus aus den Puschen

Irgendwas ist anders heute Morgen. Das kriege ich sogar in meinem Brausekopf mit, als ich mit Shiva durch die Dunkelheit des Treppenhauses wandere. Meine Kleine ist völlig aus dem Häuschen, zieht an der Leine, als ob draußen vor der Tür sämtliche Rüden der Stadt auf sie warten würden. Im Innenhof dann merke ich den Unterschied. Es hat mächtig geschneit und Shiva ist in ihrem Element. Sie springt wie ein Reh durch die Verwehungen, wälzt sich durch das Weiß und fordert mich zum Spielen auf. Also baue ich einen kleinen

Schneemann, den sie wieder umwerfen kann, und bombardiere sie mit Schneebällen, die sie versucht mit der Schnauze zu fangen. Das wird ja richtig lustig heute. Aber vielleicht ist es besser, wenn ich das nächste Mal nicht im Bademantel und Hauspuschen auf die Straße gehe.

Naturwunder

Meine Hündin ist happy.
Endlich liegt wieder Schnee im Grunewald. Und er ist genau so weiß wie im letzten Jahr. Wie eine Furie rast sie durch das Weiß, wälzt sich darin herum und schüttelt sich vor Glück, während ich fluchend mit nassen Klamotten durch die Natur watschele und friere. Ich verstehe wirklich nicht, warum meine Hündin mit dem Winter so locker umgeht. Sie hat kein dickes Fell und auch keine Speckschwarte wie ich, und obwohl sie im Süden Europas groß geworden ist, klappern ihr die Zähne nicht so wie mir. Ein Naturwunder, oder wie Frauchen feststellt: Sie bewegt sich eben mehr als ich.

Kalter Hund

Was für eine Nacht. Um 1.30 Uhr hat mich Shiva jaulend aus der Tiefschlafphase geholt. Schwere Magen- und Darmprobleme. Wohl oder übel muss ich mit ihr vor die Tür, in Schlafanzug und Gummistiefeln. Um 3.20 Uhr das Ganze noch mal von vorne, dieses Mal schaffe ich es gerade noch, mir einen Morgenmantel überzuziehen. Ich versuche, für die letzten Minuten der Nacht eine Mütze voll Schlaf zu nehmen, aber Madam haut mich um 4.25 Uhr nochmals aus den Kissen. Völlig gerädert, aber dieses Mal angezogen, gehe ich mir ihr wieder auf den Mittelstreifen. Der Tag ist für mich gelaufen, das nächste Mal passe ich auf, dass sie nicht so viel Schnee frisst.

Tanz den Kebab

Ich habe mir ein neues Spielchen ausgedacht, um Shiva zu ärgern. Ich nenne es das „Schnapp-in-die-Luft-Spiel". Dazu lege ich ihr ein mittelgroßes Stück Kebab auf die Nase und halte ihr die Schnauze fest. Ich lasse ihre Schnauze los und rufe das Kommando: „Fang!" Um an den Kebab zu kommen, reißt sie ihre Schnauze nach oben, das Leckerli fliegt in die Luft und Shiva versucht, es mit ihrem Maul aufzufangen. Gelingt ihr natürlich erst beim dritten Mal. Ich habe meinen Spaß und Shiva ihr Futter verdient. Nur Frauchen findet das nicht lustig und hat mir eine Nudel auf die Nase geklebt.

Krieg im Supermarkt

Es ist kurz vor acht Uhr und ich habe mich gut vorbereitet: Knieschoner, Motorradhelm, Schulterpolster, Lederjacke. Der Discounter um die Ecke bietet heute Hundespielzeug zu einem unschlagbaren Sonderpreis an. Weihnachten steht vor der Tür, und da ich Shiva wieder verwöhnen will, bin ich bereit, mein Leben aufs Spiel zu setzen. Wie die anderen 345 Hundehalter auch. Eine Sekunde nach acht Uhr brechen wir durch die Tür, schubsen uns gegenseitig in die Regale, rammen uns die Einkaufswagen in die Hacken. Doch ich schaffe es und kann einen der letzten quietschenden grünen Gummiknochen ergattern. Shiva wird sich freuen. Nur schade, dass ich meine Brieftasche zu Hause gelassen habe.

Advent, Advent, die Tanne flattert

Seit über fünf Monaten habe ich auf diesen Tag gewartet: Der erste Advent läutet die schönste Zeit des Jahres ein. Frauchen hat die Wohnung geschmückt, an diversen Tannenzweigen baumeln nun kleine bunte Dinger: Engelchen aus Holz, Ohrringe vom letzten Geburtstag, Bonsai-Äpfelchen und Kringel aus Zartbitterschokolade. Unsere Tiere sind ebenfalls begeistert. Jeden Morgen hauen die Katzen die Deko von den Zweigen und Shiva schleppt sie durch die Wohnung in ihr Nest. Ich amüsiere mich königlich, Frauchen ist eher genervt. Sie muss den Schmuck wieder aufhängen und Zerbissenes neu besorgen. Nächstes Jahr wird alles anders, hat Frauchen nun beschlossen. Da darf ich mir den Adventsschmuck umhängen.

Der Fremde im Park

Was für ein unverschämter Kerl. Steht da einfach auf der Wiese und rührt sich nicht. Sagt nicht Guten Tag und starrt in die Luft. Er weicht auch nicht aus, als ich mit Shiva direkt auf ihn zustürme. Selbst, als ich meine Hündin von der Leine mache und sie ihn anpöbelt, reagiert er nicht. Völlig genervt springt sie ihn an und beißt in seine rote Nase – keine Reaktion. Erst als Shiva ihr Bein hebt und ihn anpinkelt, passiert etwas: Er schmilzt ein wenig. Da aber der Winter angeblich lange und hart werden soll, hat meine arme Hündin noch einiges zu tun, um dieses Hindernis „Schneemann" zu beseitigen.

Giftzwerge

Auf unserer Runde um den Block trifft Shiva auf viele alte und neue Bekannte. Ihre Alarmglocken gehen nur an, wenn sie auf einen fremden Hund trifft, der hier nichts zu suchen hat. Aber heute provozieren sie zwei pupsgroße Rüden, die mächtig ihre Mäuler aufreißen und Shiva anbellen, als wäre sie Satan persönlich. Das Frauchen der beiden Giftzwerge versucht, uns zu beruhigen: „Ihre Hündin braucht keine Angst zu haben, die tun nichts."

Na, dann ist ja alles gut. Als Shiva endlich ihren Kopf hebt, zwei Schritte auf die Meckerer zugeht und ihre so gefürchtete Gegen-Bell-Attacke startet, nehmen die beiden Reißaus und zerren ihr Frauchen mit sich. Ich rufe noch hinterher: „Die tut nichts!"

Schnellfraß

Im Kiez ist mal wieder Aufregung. Überall hängen Plakate mit der Aufschrift: „Passt auf Eure Hunde auf. Jemand hat im Park vergiftete Würstchen ausgelegt!" Wieder so ein feiger und gemeiner Tierquäler. Zwei Hunde hat es schon erwischt und mir pocht das Herz. Denn Shiva ist die Schnellste unter der Sonne, wenn es darum geht, irgendwas halbwegs Essbares zu entdecken. Obwohl ich aufpasse wie ein Luchs, kaut sie auf einmal genüsslich. Wie von der Furie gestochen pule ihr das Ding wieder zwischen den Zähnen heraus. Gott sei Dank handelt es sich nur um ein Stück Holz, das Shiva zur Zahnpflege benutzt.

Olé!

Ich treffe ja nun jeden Tag jede Menge Hunde im Grunewald, viele kenne ich, aber jeden Tag kommen irgendwelche neuen Hunde dazu. Ich komme mit jedem Hund klar, wenn er sich mir gegenüber anständig und respektvoll benimmt. Aber heute ist es anders. Ein Podenco kreuzt meinen Weg. Ein feuriger Südländer wie ich. Da brauchen wir nicht viel rummachen, wir spielen auf Augenhöhe, verstehen uns von der ersten Minute an. Wir laufen im gleichen Rhythmus, wir bellen nicht und kümmern uns auch nicht mehr um die anderen. Wir haben die gleichen Interessen, schnuppern an denselben Stellen, und neben dem Podenco fühle ich mich gleich in den Adelstand der Edelrassen gehoben. Auch Herrchen ist stolz auf mein feuriges Blut.

Schwarz auf Weiß

Dieser Tiefschnee im Grunewald hat was. Endlich kann sich meine dunkel-gestromte Hündin nicht mehr verstecken. Andere Hundehalter suchen verzweifelt nach ihren weißen Pudeln und hellblonden Retrievern, ich dagegen habe Shiva immer gut im Blick. Und ich kann sie jetzt so richtig müde toben. Ich jage sie durch den Schnee, denn das ist sehr anstrengend, weil sie bei jedem Schritt bis zum Bauch versinkt. Nach zehn Minuten hat sie von diesem Spiel die Schnauze voll und bleibt einfach stehen. Dann eben nicht.
Aber wir müssen weiter, der Weg zum Auto ist noch lang. Jetzt gehe ich voran und Shiva steigt einfach in meine Fußstapfen. Ein anderes Herrchen wäre vielleicht stolz darauf. Ich bin einfach nur fertig und Shiva hat ihre Kräfte geschont.

Ganz schlecht gelaunt

Im Grunewald joggt jeden Morgen eine Dame vor sich hin, die von uns Hundehaltern nur „Nehmen-Sie-Ihr-Ungeheuer-an-die-Leine" genannt wird. Ich weiß wirklich nicht, warum sie ausgerechnet in dieser Gegend Sport treiben muss, wo sie doch Vierbeiner so sehr hasst. Jeder Hund wird angepöbelt, die meisten machen einen großen Bogen um die Dame. Nur Shiva natürlich wieder nicht. Wenn sie die Schimpfkanone schon vom Weitem sieht, stürzt sie los, rennt direkt auf sie zu, bremst kurz vorher scharf ab, schlägt einen Haken und ist verschwunden. Die schlecht gelaunte Frau kommt jedes Mal aus dem Rhythmus. Tut mir wirklich leid. Sie muss aber nicht sehen, dass Shiva bei mir anschließend ihr Leckerli abholt.

Komm unter meine Decke

Wir haben uns beim Discounter eine riesige Bettdecke aus Fleece in Kunstfelloptik gekauft. Ich kann die gut gebrauchen, wenn ich mich nach der großen Vormittagsrunde ein wenig hinlegen will. Shiva findet sie auch klasse und möchte mit drunter. Doch nach nur wenigen Minuten fängt es an zu knistern, meine Hündin springt jaulend aus dem Bett. Ihre kurzen Haare stehen zu Berge und auch mich durchfährt der Starkstrom. Die Decke hat uns beide aufgeladen, wir könnten den Staubsauger zum Laufen bringen. Meine arme Hündin weiß gar nicht, wie ihr geschieht, und ich werde die Decke entsorgen.
Energie hat Shiva auch so genug.

Aufs Glatteis geführt

Irgendwas ist anders heute Morgen. Die Leute rutschen über den Gehweg, fallen reihenweise hin, es knirscht und knackt in den Knochen, und als Herrchen den ersten Schritt aus der Haustür gemacht hat und ebenfalls auf den Hintern knallt, weiß ich, was anders ist: Blitzeis, aber die ganz böse Variante. Herrchen macht mich mit der Leine beim Bäcker fest und kriecht auf allen Vieren zum Auto. Dort bindet er sich die Spikes um und holt mich ab. Ich kann froh sein, dass wir jetzt wenigstens versuchen, eine kleine Runde um den Häuserblock zu gehen. Den Grunewald können wir heute vergessen, Herrchen hat Reifen, keine Kufen. Aber auch der kurze Spaziergang ist eine Qual. Wie auf Eiern tippeln wir Millimeter um Millimeter vorwärts, und immer wieder stürzen die Leute links und rechts von mir hin. Ich bin glücklich, dass ich eine Hündin bin. Mit meinen ledernden Ballen und den scharfen Krallen finde ich Blitzeis richtig lustig – solange ich nicht anfange zu rennen. Bestimmt wünscht sich Herrchen jetzt, er wäre auch ein Hund, der Arme.

Jetzt wird's eng

Hut ab vor den Winterdiensten. Wenn ich morgens um sechs Uhr mit Shiva meinen ersten Rundgang mache, sind selbst die Gehwege schon freigeräumt und gestreut. Ganz toll. Was die fleißigen Helfer natürlich nicht wissen können: Meine Hündin hasst die Enge. Und da die Gehwege jetzt im Winter nicht viel breiter sind als 50 Zentimeter, muss ich mit Shiva ständig ausweichen, weil andere Hundebesitzer mir entgegenkommen. So stecke ich dann doch oft bis zur Gürtellinie im

Schnee und meine Hündin versinkt sogar darin. Ich bin klitschnass, aber Shiva freut das. Sie nutzt die Gelegenheit aus und vergnügt sich mit dem Müll, der aus vollgestopften Papierkörben in den Schnee gefallen ist. Sie hat auch meistens Glück. Irgendetwas Essbares findet sich immer.

Friedenspfeife

Da ist sie wieder, Shivas Konkurrentin. Eine etwas ältere Hundedame, aber genau so frech und dominant wie meine. Wenn sich die beiden begegnen, ist das Gezerre und Gebell an den Leinen meistens groß, vielleicht weil wir sie an der Leine behalten und die Zicken so nie alleine ihren vermeintlichen Zwist austragen können. Aber heute bleibt Shiva still, als die Feindin unseren Weg kreuzt. Und auch die andere Hündin nimmt kaum Notiz von meiner. Irgendwas stimmt hier nicht. Ich frage nach, und die Antwort erklärt alles: Die Hündin fühlt sich heute nicht so gut, hat sich ihren Magen verdorben. Das muss meine Hündin gemerkt haben. Wir rücksichtsvoll Hunde doch sein können.

Hundehort

Shiva braucht die Abwechslung, deshalb gehe ich meine letzte Runde links statt rechts herum. Vor einem Schaufenster bleibt sie stehen und stupst mich an – ich soll wohl endlich aufhören, mit meinem iPhone herumzuspielen. Ich tue ihr den Gefallen und schaue ebenfalls ins Schaufenster. Und siehe da, vor mir tut sich ein Paradies auf. In mehreren Räumen sind riesige Kuschelkissen verteilt, auf gemütlichen Sesseln und Sofas dösen kleine und große Hunde vor sich hin und in der Mitte sitzt eine freundlich lächelnde Dame und liest aus einem Hundekinderbuch vor. Shiva bleibt seltsam still und dreht ihr Köpfchen. An der Tür klebt ein Schild mit der Aufschrift: „Hundetagesstätte". Alles klar, mach's gut, Shiva, wir sehen uns heute Abend wieder.

Knochenjob

Herrchen hat mal wieder die Spendierhosen an. Legt mir einen Riesen-Knochen von meinem Lieblingsfleischer aus Neukölln vor die Pfoten. Recht so. Aber so ein gutes Stück schlinge ich doch nicht einfach herunter. So was muss für schlechte Zeiten gebunkert werden. Wer weiß, wie lange Herrchen noch Arbeit hat. Aber wohin mit dem Knochen? Könnte ja jemand auf die Idee kommen, ihn zu klauen. Mini zum Beispiel. Meine kleine Katze ist zwar nicht viel größer als der Knochen, doch bei der frechen Mieze weiß man nie. Und der Kater, dieses verfressene Stück, der würde mir das Ding noch aus dem Maul klauen. Ich versuch's mal in den Blumenkästen am Fenster und in den Töpfen. Erst mal muss die Erde raus. Herrchen schreit, wie immer. Aber so ist das nun mal. Also lege ich meinen Liebling in einen leeren Topf und Herrchen darf die Erde wieder raufschütten. Das wiederholt sich alle paar Tage, so ein Versteck ist ja nicht lange sicher, auch wenn Herrchen schon verzweifelt ist. Dafür freut er sich, dass ich den Knochen immer wieder finde, auch wenn er die Töpfe jeden Tag umstellt.

Das Geisterhaus

Fast alle unsere Nachbarn im Haus mögen meine Hündin. Die Kinder spielen mit ihr, hier und da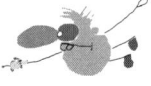

fällt ein Leckerli aus der Tasche und unser Hauswart fegt ihr jeden Morgen den Weg im Innenhof frei. Aber damit ist es jetzt wohl vorbei. Gestern Abend klingelte es unerwartet bei uns. Shiva hatte schon geschlafen, stürzte aber, eingewickelt in ihrer Kuscheldecke, sofort zur Wohnungstür, und als ich sie öffnete, rannte sie los. Mit der Kuscheldecke über dem Kopf. Das Geschrei im Treppenhaus war groß. Der Paketbote ließ alles fallen und rannte die auf die Straße raus. Shiva hinter ihm her – immer noch als Schreckgespenst verkleidet. Erst an der nächsten Ecke konnte ich sie von ihrem Tarnmantel befreien und der Bote mir das Paket überreichen. Dass darin Shivas neue Kuscheldecke steckte, die ich bei eBay ersteigern konnte, habe ich niemandem erzählt.

Wenn die Ohren flattern

Ich habe eine neue Soundanlage. Der Ton aus dem Fernseher fliegt jetzt glasklar und bassmächtig durch das ganze Wohnzimmer und wieder zurück. Frauchen findet es furchtbar, Shiva findet es klasse, hat sie jetzt doch viel zu tun. Zwitschert ein Vögelchen im TV, rast sie los und springt in die Luft, jault ein Kätzchen in der Mattscheibe, sträuben sich ihre Haare und sie geht auf Suche. Klingelt es in einer Sendung, rennt sie zur Tür und verjagt virtuelle Postboten. Bellen flachbildschirmige Hunde vor ihr herum, wird sie richtig sauer und beißt in die Programmzeitschrift. Herrlich bequem diese Nummer. Ich bleibe auf dem Sofa sitzen, zappe ein wenig herum und meine Hündin ist beschäftigt. Nur wenn im Fernsehen irgendwo eine Klospülung läuft, muss ich mit ihr vor die Tür.

Böse Zuckungen

Ein Wadenkrampf hat mich aus dem Schlaf gerissen. Zuckend springe ich aus dem Bett und reiße Shiva mit, die es sich an meinen Beinen unter der Decke gemütlich gemacht hat.

Während ich verzweifelt versuche, den Schmerz aus meinen Gliedern zu schütteln, steht Shiva unter Schock neben mir und schaut mich groß an. Als ich mich wieder hinlegen will, weigert sie sich mitzumachen. Sie bleibt vor dem Bett stehen und schüttelt den Kopf. Ich muss sie aus Versehen getreten haben, jetzt ist sie völlig irritiert. Nichts kann sie überzeugen, wieder ins Bett zu steigen. Ich kenne meine Hündin. Sie ist nun mal sehr empfindlich.

Das wird jetzt ein bis zwei Wochen dauern, dann kommt sie schon wieder an. Oder ich kaufe mir ein neues Bett, das hat letztes Mal auch geholfen.

Ein Hund sieht rot

Also ehrlich, Leute. Ich finde Weihnachten doof, weil ich am Heiligabend kurz vor der Bescherung noch eine Runde mit Herrchen durch den Kiez gehe und wir dann auf diesen komischen Kerl treffen. Sieht aber auch merkwürdig aus. Rotes Gewand, weißer Bart, einen Sack auf den Schultern und dieses permanente Lächeln zwischen den roten Wangen. Wenn ich dann mit den Pfoten auf den roten Knopf vor seinen Füßen trete, fängt er an zu wackeln und quäkt irgendwas Fröhliches vor sich hin. Ich erschrecke mich natürlich jedes Mal fürchterlich, fange an zu bellen, und wenn das blöde Herrchen dann noch mal auf den Knopf tritt und der Quatsch fängt von vorne an, fange ich sogar an zu knurren. Erst nach der dritten oder vierten Vorstellung beruhige ich mich allmählich und gebe Kontra.
Einfach mal hoch das Bein und Zack. Zugegeben, wirklich sauer bin ich, weil mir dieser blöde Spielzeug-Weihnachtsmann nichts aus seinem prall gefüllten Sack holt.

Guter Rutsch!

Shiva ist aus dem Häuschen. Benno, der prächtige Kangal dieses berühmten Politikers, ist wieder da.
Er ist ein Kraftprotz, der meine Hündin sofort zum Spielen auffordert. Shiva nimmt das dankend an und dann rasen sie durch den Grunewald, dass der Schnee nur so spritzt. Auch der Politiker scheint das toll zu finden, er freut sich über seinen Benno und meine Shiva. Zum ersten Mal, seit ich ihn kenne, huscht ein Lächeln über sein Gesicht. Dann wünscht er mir sogar noch einen guten Rutsch.
Ich glaube es nicht.

Erst, als ich wenig später auf dem Blitzeis ausrutsche und auf den Hintern knalle, wird mir klar: Ich habe nicht geträumt.

Mit der Hundereporterin Shiva unterwegs

Bellen, bis der Notarzt kommt

Meiner Freundin Lisa ist neulich was Schlimmes passiert. Sie ist in eine Glasscherbe getreten. Oh weh, das tat weh. Aber so was passiert ja immer wieder. Wir Vierbeiner verletzen uns an der Pfote und die blutet ganz fürchterlich. Oder der Kreislauf bricht zusammen. Ganz gefährlich wird es, wenn wir mal wieder was von der Straße gefressen haben, das wir nicht sollten, und uns vergiftet haben. Ein Tierarzt ist nicht immer in der Nähe. Aber gut, dass es die Tierambulanz gibt, die zu jeder Tages- und Nachtzeit erreichbar ist und sofort vorbeikommt. Ich habe mal die Hunderetter begleitet.

Das Frauchen von Lisa steht unter Schock. Ihre vier Jahre alte Rottweiler-Dame ist beim Spaziergang in irgendetwas Spitzes getreten und jault ganz fürchterlich. Die Wunde blutet zwar nicht, aber Lisa will nicht einen Schritt mehr weiterlaufen.

Aber Frauchen erholt sich schnell, passt auf, dass Lisa nicht an der Wunde leckt, zückt ihr Handy und wählt die Nummer 0800-6688437 der Tierambulanz. 15 Minuten später kommen Tierärztin Sandra Höfer, 42, und Assistent Christian Weiß, 34, mit dem Notarztwagen angebraust. Frauchen kann aufatmen, und auch Lisa scheint sich wieder zu beruhigen.

„Wir wären schon viel früher da gewesen, aber wir standen im Stau", sagt Sandra und untersucht die Wunde. Sie kommen direkt aus dem Grunewald, wo sie einem Labrador, den ich auch kenne und der sich beim Spielen ein Stöckchen in den Rachen gerammt hat, das Leben retten konnten.

Für uns Hunde echt gemein: Da wir vom Gesetzgeber her als „Sache" gelten, darf die Tierambulanz keine Sirene und kein Blaulicht einsetzen, nicht mal ein beleuchtetes Schild auf dem Autodach ist erlaubt. Und auch die Busspur dürfen sie nicht benutzen.

„Sachen" wie wir werden eben nicht gerettet, sondern nur repariert.

Aber Assistent und Firmeninhaber Christian Weiß beruhigt mich: „Wir sind trotzdem fast immer rechtzeitig zur Stelle. Wenn die Tierhalter eher reagieren würden, könnten wir noch schneller helfen."

Meine Hochachtung: Er schleppt die 40-Kilo-Dame Lisa vorsichtig zum Wagen, wo Sandra die Wunde desinfiziert und verbindet. Rund um die Uhr sind er und die sechs Tierärzte im Einsatz, pro Tag stehen da schon mal 15 Fahrten auf dem Einsatzplan.

Herr Weiß erklärt mir alles: „Meistens werden wir bei Durchfall und Erbrechen gerufen. Zum Beispiel wenn ein Hund mal wieder aus einer bakteriell-kontaminierten Pfütze geschlabbert hat. Außerdem passieren Unfälle meistens am Wochenende oder nachts, wenn die Praxis in der Nähe geschlossen hat. Da geht es euch Hunden genauso wie uns Menschen." Hundehalter aus allen Bezirken der Stadt nehmen den Erste-Hilfe-Service in Anspruch.

„Viele Leute mögen keine Tierarztpraxen, weil ihr Hunde euch da nicht wohlfühlt. Ihr möchtet euch doch lieber in vertrauter Umgebung behandeln lassen und euch so Stress ersparen. Und wenn wir schon mal vor Ort sind, können wir auch gleich eure Krallen schneiden oder verfilztes Fell scheren."

Klingelt bei Christian das Telefon, erzählen ihm aufgeregte Hundehalter oft wahre Horrorgeschichten. Kurze Zeit später verwandelt sich die blutüberströmte Dogge in einen schwanzwedelnden Dackel und der Tumor ist auf einen Zeckenbiss geschrumpft.

„Manchmal passiert es, dass ich nachts, wenn ich aus dem Tiefschlaf durch einen Notruf geweckt werde, einen Hund mit einer Katze verwechsle. Aber das macht nichts. Unser Notarztwagen ist mit Medikamenten und Instrumenten für alle „Felle" bestens ausgerüstet. Wir behandeln vom Hamster bis zum Wolfshund jedes Haustier. Das beliebteste Erste-Hilfe-Mittel bei Patienten wie euch ist sowieso das Leckerli. Damit steht einer Freundschaft nichts mehr im Wege, oder?"

Recht hat Herr Weiß, und ein paar Leckerlis fallen ebenfalls gleich für mich ab. Aber er hat noch mehr dabei: Neben Modultaschen, Antibiotika, Fremdkörperzangen und ein Otoskop ist auch immer ein Euthanasiemittel im Arztkoffer.

Sandra: „Viele Menschen möchten sich von ihren totkranken Lieblingen würdevoll zu Hause verabschieden und nicht in einer sterilen Klinik oder Praxis. In solchen Fällen stehen wir Mensch und Tier auch zur Seite."

Na, das kann aber noch warten.

Erstmal ist Lisa rundum versorgt, Frauchen ist zufrieden. Die Ärztin hat ein EC-Kartenlesegerät dabei. Frauchen zahlt die ganz normale Tierarztrechnung plus 50 Euro Anfahrtskosten.

Christian Weiß packt seine Tasche, sie müssen weiter. Irgendwo in Spandau hat sich ein Kanarienvogel den Flügel gebrochen. Zum Abschied hat er noch einen Scherz auf Lager:

„Wir helfen so ziemlich allen Tieren, außer Eintagsfliegen. So schnell sind wir dann doch nicht."
Na, dann bin ich aber beruhigt!

Die Hunde vom Bahnhof Zoo

„Wenn du auf der Straße lebst, brauchst du einen guten Freund!"

Ich erzähle euch heute mal die die Geschichte von Kiki und ihrem Terrier Lucky. Ich habe sie neulich am Bahnhof Zoo getroffen, wo sie seit über zwei Jahren leben. Auf der Straße!
Ich bewundere sie, denn irgendwie kommen sie über die Runden und genießen ihre Freiheit. Damit es meinem Freund Lucky auch an nichts fehlt, werden sie regelmäßig von der Trainerin Katrin Berner betreut.
Ich höre Kiki schon von Weitem: „Haben Sie ein bisschen Kleingeld für die besoffenen Pinguine am Nordpol?" Die 18-jährige Kiki lacht und hält die Hand auf. Die gepiercte Unterlippe glänzt in der Abendsonne.
Ihr Terrier-Mix Lucky macht brav „Sitz" und reibt seinen Kopf an ihren Springerstiefeln. Dafür gibt's von den Passanten ein paar Cent und einen kleinen Hundekuchen.
19 Uhr am Bahnhof Zoo. Kiki hockt schnorrend am U-Bahn-Ausgang. Das macht sie, seitdem sie vor zwei Jahren von zu Hause weg ist, der Hund immer an ihrer Seite.
Sie holt mich zu sich und erzählt: „Mein Mutter war einfach zu blöd. Aber mein Lucky ist cool, der labert mich nicht ständig voll und passt auf, dass mich keiner von der Seite anmacht. Wenn du auf der Straße lebst, brauchst du einfach einen guten Freund."

Die beiden sind ein unzertrennliches Paar. Lucky ist mit Kiki durch ganz Deutschland getrampt, hat mit ihr in U-Bahnhöfen, Abrisshäusern, unter Brücken und in Parks übernachtet und sie nie aus den Augen verloren.

„Eigentlich hat Lucky ein tolles Hundeleben. Er ist viel an der frischen Luft, bewegt sich den ganzen Tag und ich sorge für ihn. Bevor mein Lucky nichts gefressen hat, esse ich auch nicht. Die Schnorrerkohle geht immer zuerst für Futter drauf."

Jetzt wird's lustig: Olli, „MC" und Paule stoßen mit ihren Hunden dazu. Sie kommen vom Alex, wollen nachher mit Kiki im „KuB" (Kontakt und Beratungsstelle) in der Fasanenstraße vorbeischauen, duschen, Kaffeetrinken, das durch Spenden finanzierte Futter ihren Hunden geben, vielleicht ein paar neue Klamotten ausprobieren und mit den Sozialarbeitern reden. Aber jetzt möchten sie noch ein bisschen Geld „verdienen". Die Vierbeiner fangen an zu toben, ich tobe eine Runde mit, die Punks machen es sich auf dem Asphalt bequem und schauen belustigt zu.

Paule: „Wenn es mir schlecht geht, macht mir meine Nelly wieder gute Laune. Vielleicht hat sie sogar dazu beigetragen, dass ich meinen Entzug geschafft habe."

Auch Olli kann sich ein Leben auf der Straße ohne seine kleine Schäferhündin Gischa nicht mehr vorstellen: „Sie ist meine Familie. Durch sie lerne ich Verantwortung zu übernehmen, sie fordert mich ständig. Und ich habe eine Aufgabe."

Paule erzählt mir und seinen Freunden, dass es den vier Welpen seiner Bordercollie-Labrador-Hündin, die er an andere weitergegeben hat, gut geht und dass er endlich eine Wohnung gefunden hat. Doch das wissen Kiki & Co schon längst, schließlich hat jeder von ihnen einen E-Mail-Account, wo sich Nachrichten schneller herumsprechen, als durchs Weitersagen – wenn genügend Kohle für einen Besuch im Internet-Café übrig ist.

„MC" zieht noch eine lustige Geschichte aus dem Ärmel: Er konnte seinen Hund auf Polizisten konditionieren: „Immer wenn jemand in Uniform aufgetaucht ist, hat er gebellt und ist weggerannt. Und ich gleich hinterher." Na, das muss mir Herrchen auch mal beibringen.

Plötzlich springt eine junge Boxer-Dame in unser fröhliches Rudel. Die Punks stehen auf, begrüßen höflich Hundetrainerin Katrin Berner, 36. Gemeinsam ziehen wir durch den Tiergarten. Auf dem Weg zur KuB hinter dem Bahnhof zeigt die Trainerin den jungen Hundehaltern ein paar Erziehungstricks. Seit einem halben Jahr arbeitet Katrin zweimal im Monat mit den Kids am Zoo.

Katrin: „Für die meisten Punks sind die Hunde Familienersatz, Statussymbol und Alarmanlage. Ein wenig Aufpasser muss drin sein, aber zu groß sollten die Hunde nicht sein, sonst treten zu viele Probleme auf."

Grunderziehung steht auf dem Stundenplan. Viele meiner Artgenossen sind nicht stubenrein, fressen Unrat vom Boden, zeigen sich aggressiv gegenüber Artgenossen, laufen einfach weg oder bellen den lieben langen Tag Passanten an.

Katrin: „Einfach ist das nicht, diesen völlig unabhängigen, auf sich allein gestellten Typen etwas beizubringen. Aber bei den ganz jungen Aussteigern funktioniert das besser als bei den alten Punks, die ihre Hunde immer noch häufig anbrüllen oder sogar prügeln. Die neue Generation ist aufgeschlossener, kaum einer nimmt noch harte Drogen. Aber man braucht auch hier viel Geduld."

Als sie unter der Eisenbahnbrücke entlanglaufen, boxt Kiki ihren Kumpel „MC" in die Rippen und zieht ihn zu einer kleinen, geschützten Nische unterhalb der Gleise:

„Weißt du noch, letzten Winter, da haben wir hier gemeinsam in einer Penntüte gelegen und unsere Hunde haben uns gewärmt."
„MC" hat das nicht vergessen.
Nach dem Training trennen wir uns von den Kids. „MC" will noch eine Runde S-Bahn-surfen, Olli bleibt mit Gischa im KuB, Paule fährt nach Hause und Kiki geht zurück zum Bahnhof, eine letztes Mal Kleingeld schnorren, bevor sie sich in einer geheime Ecke im Tiergarten schlafen legt – mit Lucky an ihrer Seite. Sie träumt von einem eigenen Piercing- und Tätowierstudio. Der Kurs dazu kostet 600 Euro. „Ich lege mir jedes Mal ein wenig Geld zur Seite. Ich schaffe das. Schließlich habe ich Lucky. Und das bedeutet Glück."

Ich drücke beiden die Pfoten und freue mich auf ein warmes Plätzchen im Körbchen unter der Heizung.

Adios Amigo!
Die Charlottenburger Kiez-Legende Lobo hat seine letzte Ruhe gefunden

Ich bin traurig. Lobo, ein alter Freund von mir, ist gestorben. Für tierlose Menschen ist es nur sehr schwer nachzuvollziehen, wie tief der Schmerz, wie groß die Trauer sein kann, wenn ein geliebtes tierisches Familienmitglied von uns geht. So etwas reißt große Lücken in die Herzen von Herrchen und Frauchen, sie fühlen sich verlassen.
Jeder Mensch verabschiedet sich auf seine Weise von seinem Tier. Ich war dabei, als Lobo in Steglitz zu Grabe getragen wurde.

Sanft streichelt Sabrina Steck, 44, über die lockere Erde. Dann zeichnet sie mit dem Zeigefinger die Worte „In Liebe" auf das frische Grab. Sie kann jetzt ihre Tränen nicht mehr zurückhalten. Im Hintergrund spielt ihr Freund Robert Flück, 42, auf dem Flügelhorn ein selbstkomponiertes Stück: „Lobitos conexion". Lilly, die zehn Jahre alte Friedhofshündin, hebt ihre Schnauze und bellt.

Richard Mitschke, 65, der Verwalter des „Bärliner Tierfriedhofs" in der Steglitzer Bismarckstraße, erzählt Sabrina eine Geschichte über trauernde Elefanten, holt sie aus ihrem tiefen Schmerz ein wenig heraus. Auch mir wird ganz warm ums Herz.

Nur langsam findet Sabrina ihre Worte wieder: „Achtzehn Jahre hat mich mein Lobo begleitet, und er wird auch den Rest meines Lebens in meinem Herzen bleiben."

Vor zwei Tagen musste mein Freund, ein fröhlicher Mischling, eingeschläfert werden. Bis heute Vormittag lag er aufgebahrt in seinem Körbchen im Wohnzimmer von Sabrina, ich habe sie besucht.

Sabrina streichelt mich und erzählt weiter: „Ich hatte bis zum Schluss gehofft, dass er von alleine einschläft. Er war ja zum Schluss so kraftlos. Aber als er dann vor Schmerzen anfing zu schreien, bin ich zum Tierarzt gefahren. So ein qualvolles Ende hat mein Lobo nicht verdient."

In ihrem Kiez kannte jeder den Draufgänger, mir wurde sogar gesagt, dass er der älteste Hund in Charlottenburg gewesen sein soll, und ich weiß, er ist Sabrina nie von der Seite gewichen.

Sabrina redet sich den Schmerz von der Seele: „Er ist sogar mal mit mir auf einer Harley mitgefahren, und wenn ich mit dem Fahrrad zur Arbeit zum ZDF gefahren bin, lief er immer neben mir her. Dreizehn Jahre lang war mein Lobo in der Oberlandstraße der Fernsehhund, ist sogar bei Dieter Thomas Heck aufgetreten. Ich war mit ihm in der Disco, im Kino, überall. Wenn ich im Café gesessen habe, ist er alleine durch die Straßen gelaufen und nach 15 Minuten wieder gekommen, wie verabredet."

Sabrina hat sich das Grab Nummer 8, Reihe 16, vorher ausgesucht. Hier scheint den ganzen Tag die Sonne, und die hat er geliebt, war unzählige Male mit Frauchen in Spanien im Urlaub, das hat er mir immer wieder erzählt.

Frauchen erzählt weiter: „Im Februar ging es Lobo schon sehr schlecht. Aber er wollte noch nicht sterben. Er hat mich gebeten, mit ihm noch einmal nach Teneriffa zu fliegen."

Bei seiner Wiederkehr hat er mir davon noch mal geschwärmt. Seine Lebensgeister wurden noch mal belebt und er flirtete mächtig mit einer Labrador-Hündin. Und diese Hündin gehört Robert Flück, Sabrinas neuem Freund: „Über unsere Hunde haben wir uns auf Teneriffa kennengelernt. So hat Lobo mir noch ein Abschiedsgeschenk gemacht. Auch das werde ich ihm nie vergessen."

Bevor Lobo beerdigt wurde, konnten wir uns noch einmal im Aufbahrungsraum des Friedhofs in aller Ruhe bei Kerzenschein von Lobo verabschieden. Richard Mitschke hat derweil die ausgesuchte Grabstelle ausgehoben. 60 Zentimeter breit, 80 Zentimeter lang, damit das Körbchen reinpasst, und vorschriftsmäßig 50 Zentimeter tief, damit der Fuchs nicht rankommt.

Als Frauchen Sabrina sich endgültig von Lobo verabschiedet und ihn mit der Baumwolldecke zudeckt, geht sie zu den anderen Trauergästen. Ihre Mutter Brigitte Bielitza, 65, hat Champagner mitgebracht. Und auch ihr Vater Herbert Steck steht – etwas abseits – da und weint.

Brigitte: „Ich habe meinen geschiedenen Mann fast 40 Jahre lang nicht mehr gesehen. Auch Sabrinas Freund treffe ich heute zum ersten Mal." So bringt Lobo am Ende auch noch eine Familie wieder zusammen.

Richard Mitschke schiebt meinen alten Freund auf einem Wagen zur Grabstätte, seilt ganz behutsam das Körbchen hinab. Sabrina kniet sich nieder und überlässt ihrem toten Liebling sein Spielzeug, einen Kuschelteddy, eine spanische Flagge und ihre Socken, mit denen Lobo so gern geschmust hat. Nachdem Richard das Grab aufgeschüttet hat, stellt Sabrina Gerbera-Blumen und ein Foto von Lobo auf.

„Ich werde so schnell wie möglich einen Apfelbaum hier pflanzen."

Robert Flück hat sein Solo beendet, wir machen noch eine Runde über den kleinen Tierfriedhof. Gleich neben Lobo sind die beiden Hunde Caro und Felix begraben. Ihre Ruhestätte ist mit Blumen und Fotos geschmückt.

Richard Mitschke erzählt: „Zu Lebzeiten konnten die beiden sich nicht ausstehen, jetzt liegen sie friedlich nebeneinander." Auf dem 3000 Quadratmeter großem Gelände ist Platz für 800 bis 1200 Tiere. Nach zwei Jahren werden die Hinterbliebenen gefragt, ob sie das Grab weiterhin behalten und pflegen wollen.

Auf Bestellung lässt der Friedhofsverwalter auch nach seinen Plänen spezielle Särge bauen, aber die meisten entscheiden sich für ein Baumwolltuch, so wie Sabrina. Sie verabschiedet sich von Richard Mitschke und bedankt sich: „Ich weiß, dass Lobo hier in guten Händen ist."

Am Eingang ist ein Schild angebracht: „In stillem Gedenken allen geliebten Tieren in Dankbarkeit gewidmet."

Richard Mitschke: „Wenn es dämmert, gehen hier viele

kleine Grablichter und Kerzen an. Dann hat man das Gefühl, als ob die Seelen der Tiere uns den Weg durch das Dunkel leuchten."
Leb wohl Lobo, wir sehen uns im Hundehimmel! Deine Shiva

Blindes Vertrauen

Ein behinderter Hund ist kein Handicap – die Geschichte von Sky und Frauchen Petra Herrmann

Ich habe ja in meinem Hundeleben schon viele tolle Artgenossen kennengelernt, aber Sky ist ein ganz besonderer Hund, und vor allen Dingen sein Frauchen. Respekt, Respekt. Ich traf die beiden letzten Sommer, aber ich bin noch immer beeindruckt, sehr beeindruckt. Lesen Sie, was ich erleben durfte, als ich sie besuchen konnte.

Mit einem mächtigen Satz springt Sky über die Treppen in den Garten, flitzt ein paar Runden um den alten Apfelbaum, tobt mit seinen beiden Hunde-Kumpels Trixi und Unkas, rollt sich über den Rasen und schaut schwanzwedelnd in den Himmel. Als Frauchen ihn ruft, springt er auf, macht vor ihren Füssen „Sitz" und gibt Pfötchen.
Na, das kann ich auch. Der Australian-Shepherd-Border-Collie-Mix ist ein ganz normaler, glücklicher Hund, denke ich. Aber: Sky kann nichts sehen und ist einseitig taub. „Blinder Hund" steht auf seinem Geschirr.
„Sonst würde das kein Mensch merken", sagt Frauchen Petra Herrmann, 43. Dass sich der zweijährige Sky so unauffällig verhält, kann nur das Resultat der konsequenten, liebevollen und geduldigen Erziehung von Frauchen sein.

Das weiß ich als Hündin genau.

„Als wir ihn vor einem Jahr zu uns geholt haben, war der kleine Sky völlig verstört, hat ängstlich um sich gebissen, wollte von keinem Menschen angefasst werden."

Petra Herrmann entdeckte Sky im Internet, sein Schicksal ist ihr ans Herz gegangen, also setzte sie sich nach Einberufung des Familienrats ins Auto und fuhr nach Biberach, 650 Kilometer von Berlin entfernt, und holte Sky aus dem dortigen Tierheim. Einfach toll, die Frau!

„Es war aber nicht nur eine emotionale Entscheidung. Ich wollte einen dritten Hund, und ich wollte einen Hund mit schlechten Vermittlungschancen, vielleicht aber auch eine neue Herausforderung."

Sky ist von Geburt an behindert. Er hat einen Gen-Defekt, der bei ihm zur Blindheit und einseitigen Taubheit führte. In seiner Prägephase wurde er herumgereicht, keiner wollte sich mit einem Problemhund belasten.

„Die erste Zeit war wirklich schwierig. Sky war misstrauisch, zuckte bei jedem Geräusch zusammen und schnappte sogar nach meinem Sohn. Aber so schnell gebe ich nicht auf."

So was liebe ich ja auch: Die Hundephysiotherapeutin setzte sanfte Massagen ein und gewann bald Skys Vertrauen. Hilfe bekam sie im Internet über das Netzwerk für Hunde mit Handicap www.behinderte-hunde.de. Dort werden seit Jahren Erfahrungen ausgetauscht, Beratungen und Hilfe angeboten.

„Ich habe viele Tipps bekommen, wie ich mit einem blinden Hund arbeiten kann. Aber erst nach zwei Monaten haben wir durch eine audiometrische Messung beim Tierarzt erfahren, dass Sky nicht fast, sondern nur auf einem Ohr taub ist. Dadurch fehlt ihm zwar das räumliche

Hörvermögen, trotzdem war das eine gute Nachricht."
Frauchen Petra Herrmann baute daraufhin ein spezielles Training auf. Durch Richtungskommandos wie „Links" und „Rechts", weiß Sky jetzt, wie er sich auch ohne Leine bewegen kann. Sie zeigt mir wie das funktioniert: Sky reagiert auf „Stopp" und gehorcht sogar schon auf Distanz. Wenn Petra mit ihren Fingern über seine Schnauze streicht, weiß Sky, dass er sich jetzt hinlegen soll.
„Ich habe jeden Tag mit ihm geübt. Ein Aussie ist ein Hütehund, der Aufgaben braucht, damit er sich wohl fühlt. Und Sky ist ein gelehriger Schüler. Ich habe auch nie Mitleid mit ihm gehabt, das hätte ihm auch nicht geholfen."
Wenn Petra und ihr Schatten unterwegs sind, erkundet Sky nun schon selbstbewusst die fremde Umgebung, indem er mit seiner Nase überall anstupst und so die Räumlichkeiten scannt.
„Er hat gelernt, seine gesunden Sinnesorgane geschickt einzusetzen, darauf bin ich stolz." Kann Frauchen aber auch wirklich sein.
Heute geht es noch zum Üben in den Grunewald, da will ich natürlich mit. Bei Begegnungen mit anderen Hunden verhält sich Sky noch unsicher. „Er kann natürlich auf Grund seiner Behinderung nicht einschätzen, was ein anderer Hund von ihm will, wenn er auf ihn zu gerannt kommt. Da muss ich noch Hilfestellung leisten und ihm Sicherheit geben. Die Arbeit mit ihm hört wohl nie auf. Aber es macht uns beiden Freude. Sky vertraut mir blind, und für mich ist er ein Geschenk des Himmels."
Ich lasse die beiden wieder alleine. Vielleicht treffe ich Sky demnächst mal im Hundeauslaufgebiet, dann werde ich eine Runde mit ihm spielen. Ich weiß ja jetzt Bescheid, wie ich mit so einem tollen Hund umzugehen habe.

Ende

So ein Leben als Hundereporterin ist nicht immer leicht, das können Sie glauben. Ich denke, ich habe mir meinen Schlaf wirklich verdient. Gute Nacht.

Der Autor

Thomas Böhm ist als Autor und Kolumnist in der Hauptstadt bekannt „wie ein bunter Hund". 1954 in Hamburg an der Elbe geboren, kam er 1975 nach Berlin. Seine journalistische Karriere begann bei der taz, wo er sein Volontariat machte und bis 1984 als Musikredakteur arbeitete.
Als Mitarbeiter des Journalistenbüros „Presstige" war er bis 1990 als freier Autor tätig, u.a. für die Zeit, Tagesspiegel, Stern, Vogue, tip und zitty. Nebenher machte er sich als Musiker und Karikaturist einen Namen. 1992 wechselte er zur größten Berliner Tageszeitung BZ, wo er 13 Jahre lang als Redakteur und Reporter arbeitete.
Im Jahr 2005 wanderte er mit seiner Familie nach Portugal aus und engagierte sich an der Algarve für den Tierschutz. 2008 kehrte er nach Berlin zurück und arbeitet seitdem als freier Autor für diverse Tageszeitungen und Magazine. Gleichzeitig ist er seit April 2009 Chefredakteur der Online-Hunde-Illustrierten „Tausend Tölen". Seine Kolumne „Shiva, meine beste Freundin" erschien über 500 Mal in der BZ, täglich von Montag bis Freitag.

Weitere Tätigkeiten als Buchautor:

1984 - 1996	Herausgeber (Hrsg.) des „Rock Kalenders", Elefanten Press Verlag
1986	Hrsg. der Anthologie „Bis zum ersten Kuss", Galgenberg Verlag
1987	Hrsg. der Anthologie „Die zweite Haut", das Modebuch im Elefanten Press Verlag
1988	Hrsg. des Rock Lexikons „Die großen Stars der Popmusik", ECON-Verlag
1996 - 2000	Hrsg. des Rock Timers „Rock Live" in Zusammenarbeit mit „Viva", ECON-Verlag
2000 - 2003	Hrsg. des Vegetarier Kalenders
2011	Mitautor des Ratgebers „Der perfekte Familienhund - Zum Erfolg mit dem Dog-Coach-Team". im BLV Buchverlag

Danksagung

Von Herzen danke ich meiner Hündin Shiva, die sich vor vier Jahren in frecher, aber auch liebevoller Art und Weise in die Herzen meiner Frau und mir geschlichen hat. Ohne dieses wunderbare Wesen wären die Kolumnen in der BZ niemals erschienen und auch dieses Büchlein wäre nicht in Ihre Hände geraten. Ich danke der BZ, die mir die Plattform gab, auf der ich mich mit meiner Hündin austoben konnte. Ein besonderer Dank gilt natürlich auch meiner Frau, ohne die ich Shiva niemals in den Griff bekommen hätte, die mir in allen Lebenslagen den Rücken gestärkt hat, die meine Muse ist und mir immer wieder einen kreativen Tritt in den Hintern gibt. Ich bedanke mich auch für die tollen Fotos, die sie von Shiva und den anderen Hunden in Berlin gemacht hat und durch die das Buch erst so richtig lebendig wurde.

Bedanken möchte ich mich auch bei meinem Herausgeber und Freund Ingolf Ludmann-Schneider, der mich immer wieder angestoßen hat, die Kolumnen zu einem Büchlein für die Edition Pax et Bonum zu machen.

Ein großer Dank geht aber in besonderer Weise an alle treuen Fans von Shiva, die uns in dieser Zeit begleitet und die Treue gehalten haben.

Tausend Tölen

www.tausend-toelen.de
Herausgeber: Marilla Slominski;
Chefredaktion: Thomas Böhm
Mit eigener Musik-CD „Herrchen hüpf!" ein absoluter Hörgenuss.

Alternativer Bärenpark Worbis

Kurzporträt

Allein in der Bundesrepublik Deutschland gibt es über 100 Bären, die das Schicksal gequälter Kreaturen teilen. Zirkus, Varieté, Tierparks, Vergnügungs- und Erlebnisparks, selbst zoologische Gärten und Zoos, aber auch viele Privatleute halten Bären in kleinsten Zwingern oder Gruben, fehlernährt, verhaltensgestört, bewegungsarm – oft auch chronisch krank.

Bisher 14 Bären aus solchen Haltungen hatten das Glück, im Alternativen Bärenpark® Worbis Aufnahme zu finden. Diesen Tieren – gemeinsam mit einem Wolfsrudel aus ehemals tierquälerischer Privathaltung – wird auf 40 000 m² ein Refugium, das ihren Ansprüchen an Baumbestand und Badeteichen, an Gesellschaft mir Artgenossen, aber auch an Rückzugsmöglichkeiten, an artgerechter Ernährung und entsprechende Beschäftigungsmöglichkeiten gerecht wird, geboten. Die Arbeit beschränkt sich aber nicht allein auf die Unterhaltung des Projekts.

Vielmehr findet das Engagement im Tier-, Natur- und Artenschutz auf allen diplomatischen Ebenen statt, sowohl in internationalen Gremien wie auch beim zähen Verhandeln mit kritikwürdigen Bärenhaltern. Der Bärenpark finanziert sich aus Eintrittsgeldern und Spenden. Für alle Altersklassen bietet der Bärenpark ein Informations- und Dokumentationszentrum, spannende Lehrpfade, Aufklärung über Zirkus-, Tanz- und

Schaustellerbären, über Bären als lebende Gallesaft-Spender u.v.m. Vor allem aber jede Menge Aktionen für die ganze Familie: Jedes Jahr ein großes Bärenfest, ein Indianerfest, den Tag der Bärin Maika aus Anlass des Welttierschutztages.
Der Bärenpark® Worbis soll in den nächsten Jahren erweitert werden, um weiteren Bären eine Alternative zur bisher tierquälerischen Haltung und zu nicht mehr möglichen Auswilderung zu bieten. Ein zweites Projekt der Stiftung für Bären wurde im September 2010 im Schwarzwald, in Rippoldsau-Schapbach eröffnet.
Stand 1.12.2010: Neun Bären, ein Wolfsrudel leben derzeit in Worbis. Außerdem gibt es einen Bauernhof mit vom Aussterben bedrohten Haustierrassen und einen Heimtierbereich. Vier Bären fanden bisher Aufnahme in Rippoldsau-Schapbach.

Helfen Sie uns, unserem Ziel ein Stück näher zu kommen und spenden Sie bitte, wir beraten Sie gern. Unsere STIFTUNG wird jährlich steuerlich geprüft und von einer Wirtschaftsprüfungsgesellschaft attestiert. Das Ergebnis wird der Stiftungsaufsichtsbehörde in Thüringen eingereicht.

Volksbank Eichsfeld-Northeim
BLZ 260 612 91, Konto 243 743 00

Auch die finanzielle Hilfe aus der Schweiz ist nun komplikationslos.
Züricher Kantonalbank
BC 727, Konto 1127-0117.750

STIFTUNG FÜR BÄREN, Alternativer Bärenpark Worbis, Duderstädter Straße 36a, 37339 Leinefelde-Worbis
Telefon: 036074-20090, Fax: 036074-200919
info@baer.de – www.baer.de

Buchempfehlungen

Der perfekte Familienhund -Zum Erfolg mit dem DogCoach-Team™

Autor: Enrico Lombardi / Thomas Böhm
BVL Buchverlag (Oktober 2011)
ISBN 978-3-8354-0808-1

Columbo - Ein Hund für alle „Felle"

Autor: Barbara Schilling
www.angenehme-vorstellung.de
ISBN: 978-3833439889 / www.hunde-buch.com

Die Bücher von Herausgeberin / Autorin Sandra Ravioli

www.russland-buecher.ru / www.russlandfakten.info / www.twitter.com/russlandbuecher / www.getfriends.mobi / www.smartphone-developer.mobi

Im Leben gut aufgehoben in Berlin

Für den Hund:

Tierarztpraxis besonders für Dalmatiner
Dr. Christine Loser, Fachärztin für Kleintiere
Ralph Schickert, praktischer Tierarzt

Karlsbader Str. 1
14193 Berlin
Telefon: 030-826 18 14

Lucky Dog, Hundeschule und Ausführservice in Berlin
Heike Skarupa
14195 Berlin
Tel: 030 - 814 88 655
Mobil: 0163 - 318 37 89
E-Mail: info@luckydog-berlin.de
www.luckydog-berlin.de

Hundeschule-zwanglos® GbR
Tierärztin: Rita Brentrup, Tierarzt: Stephan Keisers
Artgerechte Hundeerziehung in Berlin und Brandenburg
www.hundeschule-zwanglos.net
E-Mail: fragen@hundeschule-zwanglos.net

Für das Herrchen / Frauchen:

Massage-Service – massatu	Tel.: +49 (0) 30 7953803
Helmut Matuszewski	Mobil: +49 (0) 160 92819757
Altmarkstraße 18	E-Mail: info @massatu.de
12157 Berlin	
agentur [hop!]	Tel.: +49 (0)30 62206532
Kirstin Decker	Tel.: +49 (0)30 20846339
Blissestr. 65	Fax : +49 (0)30 69088317
10713 Berlin	E-Mail: info@hop-berlin.de

Inhaltsverzeichnis

3 Herrchen hüpf!
4 Widmung
5 Vorwort
6 Einleitung
8 Ein Hund geht nach Norden

Shiva, meine beste Freundin

12 Alles im Griff
13 Wenn der Feind naht
14 Die liebe Schwiegermama
15 Lebensretter
16 Zeit ist Geld
16 Geschäft ist Geschäft
17 Ein steiniger Weg
18 Umnachtet
18 Rutsch-Party
19 Herrchentraining
20 Frühlingsboten
21 Flitzpiepe
21 Ich nehme alles
22 Einen gezwitschert?
22 Reden ist Silber, bellen ist Gold
23 Die Schultrantüte
23 Nur Pferden gibt man den Gnadenschuss
24 Wasserfrosch
25 Herrchen muss nachsitzen
26 Balkonpflanze
27 Wer anderen eine Grube gräbt
27 Das Leckerli der anderen Leute
28 Ein Wiedersehen im Tierhimmel
29 Wenn der Pizzamann zwei Mal klingelt
30 Was Hänschen lernt ...
31 Gute Nacht, Marie
31 Mattscheibe
32 Und noch ein Spaziergang
33 Fang das Herrchen
33 Ich nix verstehen
34 In der Finsternis
35 Akrobat schöön!
36 Wenn der Schäferhund kommt
36 Faule Eier
37 Das Flummiball-Massaker
38 Das Parfüm
39 Hundehalter sind alle nett
39 Auf Schnarchtour
41 Versteckspiel
42 Neuer Kater, altes Spiel
43 Weichei
44 Schnupperkurs
44 Stolperfallen
45 Oberwasser
46 Typisch Weib
47 Mittagsruhe
48 Terrorbekämpfung
48 Tatütata
49 Such das Kätzchen
49 Blockadedurchbruch
50 Adrenalinspiegel hoch!

50	Verstehen Sie Mensch?	71	Komm unter meinen Regenschirm
51	Einlochen!	72	In fremden Gefilden
52	Laber, laber, laber	72	Das letzte Wort
53	Übergewicht	73	Bettgeflüster
53	Keile vom Keiler	74	Street View, die Hundevariante
54	Belle, wem Gebell gegeben	75	Verfolgungswahn
54	Der Hund ist ein Elefant	76	Hühnersuppe
55	Der Hund, das achte Weltwunder	77	Neben der Kappe
55	Verrat!	78	Sind Leckerlis gut fürs Hundetraining?
56	Gute Hunde, blöde Hunde	80	Rudel-Loser
57	Die Königin und ihr Hofstaat	81	Nasse Pfoten, wie schrecklich
58	Beinahe-Drama	82	Herrchens Einfluss
58	Fisch stinkt vom Kopf her, und der Hund …?	83	Hundekumpels
59	Vom Allesfresser zum Gourmet	83	Wir sind ein Rudel!
60	Nesthäkchen	84	Ball-Klatsche
61	Hütehund oder hüte dich vor diesem Hund?	84	Der Ball der Hunde
61	Ich, der Schäferhund	85	Das tut weh!
62	iPhone-Terror	85	Platz da!
63	Wenn der Kater hängt	86	Traumhund
64	Ein Männlein steht im Walde	86	Schlaues Mädchen
65	Heißes Herrchen	87	Schnarchliese
66	Verstand verloren	87	Der Ball der Hunde II
66	Belohnung!	88	Schräge Vögel
67	Weckdienst	89	Der lange Abschied
68	Wer kann Schwimmen spielen?	90	Vermisst
69	Bella Italia	90	Fiese Möpps
70	Fiese Nummer	91	Ich bin dann mal wieder weg
71	Fressfeinde	91	Quieken, bis der Arzt kommt
		92	Hund zu verschenken
		92	Ressourcen

93	Stürmische Zeiten	114	Schnellfraß
93	Leichtes Mädchen	115	Schwarz auf Weiß
94	Ball von hinten	116	Komm unter meine Decke
94	So bequem kann das Leben sein	117	Jetzt wird's eng
		118	Friedenspfeife
95	Sturm- und Drangzeiten	118	Hundehort
95	Wie man sich zum Obst macht, auch als Hund	119	Knochenjob
		119	Das Geisterhaus
96	Gassi gehen, olympisch	120	Wenn die Ohren flattern
96	Ruhestörender Lärm	122	Guter Rutsch!
97	Die Vögel		
98	Kletteraffen		
98	Begossener Pudel		

Mit der Hundereporterin Shiva unterwegs

99	Billigware, nein danke!		
100	Dark Night	124	Bellen, bis der Notarzt kommt
101	Stamm/Baum	127	Die Hunde vom Bahnhof Zoo
102	Anti-Virus	130	Adios Amigo!
103	Laubraub	134	Blindes Vertrauen
103	Schlaraffenland	137	Ende
104	Hassan, die Zweite	138	Der Autor
105	Schafe hüten	139	Danksagung
106	Dog Cops		
107	Der Hund, ein Eichhörnchen		
108	Hund, ärgere Dich nicht		
109	Wachschutz		
109	Das haut das stärkste Herrchen um		
110	Raus aus den Puschen		
111	Naturwunder		
111	Kalter Hund		
112	Tanz den Kebab		
112	Krieg im Supermarkt		
113	Der Fremde im Park		

INGOLF LUDMANN-SCHNEIDER:

„Sterben, Tod und Jenseits – Gedanken der Tiere, Pflanzen, Menschen und des Universums"

1. Auflage, Juni 2011, Buchlader Berlin,
Edition Pax et Bonum
Buch, Softcover 180 S., 13,5x19cm
ISBN: 978-3-941809-07-9,
GLP: 14,50 € (D) Genre: Lebenshilfe

Inhalt

Was erwartet mich, wenn ich tot bin? Wie ist das Sterben? Gibt es ein Jenseits? Diesen Fragen hat sich der Autor Ingolf Ludmann-Schneider in seinem Erstlingswerk gewidmet, um herauszufinden, was uns nach dem irdischen Leben erwarten könnte. Mithilfe der Tierkommunikation gelang es ihm, Kontakt zu Tieren, Pflanzen und dem Universum aufzunehmen und die Fragen, die uns Menschen bewegen und ängstigen, zu stellen. Die erhaltenen Antworten hat er, ohne die Absicht diese Aussagen als verbindlich darzustellen, in diesem Buch aufgezeichnet.
Die beeindruckenden Antworten der befragten Lebensformen und die eigenen Erfahrungen des Autors mit dem Sterben nehmen dem Leser die Angst davor, einen Angehörigen oder ein Tier auf dem letzen Weg zu begleiten, nehmen die Angst vor dem eigenen letzen Weg.
Es ist ein sehr einfühlsames Buch, das voller Respekt über das Leben, das Sterben und das Danach erzählt.
„Die Themen, die wir hier betrachtet haben, werden all ihre Schatten verlieren und das Zusammenspiel von Leben, Sterben, Tod und Jenseits wird ein farbiges Lichtspiel des Klanges sein ´von Allem, was war, was ist und was sein wird´." Aron, der Elefantenfuß

Autor

Der Autor Ingolf Ludmann-Schneider (*1968) ist nicht nur Altenpfleger und Tierkommunikator. Durch seine Sensibilität vermag er es, mit jenen zu sprechen, die mehr über den Tod wissen als jeder lebende Sterbliche. Ohne Scheu und mit einem einfühlsamen Staunen begleitet er seit Jahren die, die ins Licht gerufen werden.